Königs Erläuterungen und Materialien
Band 422

Erläuterungen zu

Jeremias Gotthelf

Die schwarze Spinne

von Daniel Rothenbühler

Bange Verlag

Über den Autor dieser Erläuterung:

Dr. phil. hist. Daniel Rothenbühler wurde 1951 in Porrentruy geboren. Er hat in Heidelberg und in Bern Germanistik und Romanistik studiert und 1992 in Bern mit einer Dissertation über *Der grüne Heinrich 1854/55* promoviert. Er publiziert regelmäßig über die deutschsprachige Literatur der Schweiz, vor allem in der französischsprachigen Jahreszeitschrift *Feuxcroisés*, deren Redaktionskomitee er angehört. Er unterrichtet seit 1991 Deutsch und Französisch am Gymnasium Köniz bei Bern und lebt mit seiner Frau und seiner Tochter in Lausanne.

2. Auflage 2004
ISBN 3-8044-1761-2

Titelabbildung: Jeremias Gotthelf
Druck und Weiterverarbeitung: Tiskárna Akcent, Vimperk

Vorwort

„Diese Novelle gehört zu den größten Prosadichtungen, die in deutscher Sprache geschrieben sind"[1], schreibt Benno von Wiese 1956 über *Die schwarze Spinne.*
Es hat lange gebraucht, bis sich diese Einschätzung allgemein durchsetzte. Nach ihrer Veröffentlichung 1842 wurde sie von einem Rezensenten „als etwas Unnützes, wo nicht geradezu dem Volke Schädliches"[2] bezeichnet und blieb in den Würdigungen von Gotthelfs Gesamtwerk weitgehend unbeachtet.
Erst seitdem Walter Muschg in seinem bahnbrechenden Gotthelf-Buch 1931 die Aufmerksamkeit auf sie lenkte, gilt *Die schwarze Spinne* als Werk von bleibendem Rang. Die Aktualität, die sie nach den beiden Weltkriegen im 20. Jahrhundert erlangte, bezeugen nicht weniger als neun Bearbeitungen für das Theater bzw. die Oper zwischen 1936 und 1998.
Gotthelfs *Spinne* ist zum „Sinnbild jeder denkbaren Katastrophe"[3] geworden, und der Ruhm der Erzählung „beruht darauf, dass sie die heutigen Ausbrüche des Satanischen mit einer Gewalt darstellt, an die keine zeitgenössische Dichtung heranreicht."[4] Doch auch ihre Form – die kunstvolle Verbindung von Rahmenerzählung und Binnenerzählungen, die Motiv-Verknüpfungen, die Vielstimmigkeit der Sprache – reizt immer wieder zu neuer Auseinandersetzung. Die Erzählung bietet Anlass zu gattungs-, epochen- und ideengeschichtlichen Interpretationen und darüber hinaus zu grundsätzlichen Betrachtungen philosophischer Art.
Es ist nicht erstaunlich, dass Thomas Mann *Die schwarze Spinne* bewundert hat „wie kaum ein zweites Stück Weltliteratur"[5].

---

1 B. von Wiese, S. 195
2 Zit. n. W. Mieder, S. 49–50
3 W. Muschg (1954), S. 206
4 Ebd.
5 T. Mann, S. 186

Vorwort

In den vorliegenden Erläuterungen liegt allen **Seiten- und Zeilenverweisen auf *Die schwarze Spinne*** die folgende Ausgabe zu Grunde:
Jeremias Gotthelf: *Die schwarze Spinne. Erzählung*. Anmerkungen von Wolfgang Mieder. Stuttgart: Reclam, 1994 (Universal-Bibliothek Nr. 6489)

1. Jeremias Gotthelf : Leben und Werk

Jeremias Gotthelf ist der programmatische Schriftsteller-Name des Pfarrers **Albert Bitzius**.

Jeremias
warnt sein Volk als Prophet vergeblich vor der Versündigung.

Gotthelf
ist die Hoffnung des guten Menschen auf die Gnade Gottes.

1.1 Biografie

Jahr	Ort	Ereignis	Alter
4. 10. 1797	Murten	**Geburt des Albert Bitzius** in **Murten** als Sohn des Pfarrers Sigmund Bitzius (1757–1824) und dessen dritter Ehefrau Elisabeth Bitzius-Kohler (1767–1836). Die Familie Bitzius gehört zur „gebildeten Oberschicht im Stadtstaat Bern"[6].	
1805	Utzenstorf	Umzug der Familie nach **Utzenstorf**, südlich von Solothurn. Das Landleben prägt nun Gotthelfs Kindheit und Jugend.	8

6 K. Fehr (1985), S. 20

Jahr	Ort	Ereignis	Alter
1805–1812		Latein- und Griechischunterricht beim Vater, Lektüre von Romanen, „so viel ich zur Hand bringen konnte"[7].	8–15
1812–1814	Bern	**Pädagogium** (Literaturschule) in Bern. Allgemeinbildendes Propädeutikum an der bernischen **Akademie** (Vorläuferin der 1834 gegründeten Universität).	15–17
1817–1820		Theologiestudium.	20–23
1818–1819		**Geschichtsunterricht** am Pädagogium.	21–22
1819		Mitbegründer des Zofingervereins, einer liberalen Studentenvereinigung.	22
19. 6. 1820		Schlussexamen in Theologie.	22
1820–1821	Utzenstorf	**Vikar** bei seinem Vater in **Utzenstorf**.	23–24
1821–1822	Göttingen	**Universität Göttingen**. Vertiefung der theologischen und allgemeinen Bildung.	24–25
Herbst 1821		Studentenfahrt durch Norddeutschland mit *Reisebericht* (erstes literarisches Zeugnis).	24
1822–1824	Utzenstorf	Erneut **Vikar in Utzenstorf**.	25–27

7 Zit. n. H. P. Holl, S. 30

Jahr	Ort	Ereignis	Alter
9. 2. 1824		Überraschender Tod des Vaters. Gotthelf fehlen die fünf Jahre Vikariat zur Nachfolge. Mutter und Schwester ziehen nach Bern.	26
1824–1829	Herzogenbuchsee	**Vikar in Herzogenbuchsee**, östlich von Solothurn.	27–32
1825–1829		Bollodinger **Schulstreit** mit Oberamtmann Rudolf Emanuel von Effinger. Gotthelf bekämpft die Lohnkürzung des Schulmeisters Johannes Steiger.	28–32
3. 5. 1829		Ernennung zum Pfarrer in Amsoldingen bei Thun, von Gotthelf als Maßregelung zurückgewiesen.	31
1829–1831	Bern	**Vikar** an der **Heiliggeistkirche in Bern**. Beziehungen zu Führern der liberalen Bewegung.	32–34
1. 1. 1831	Lützelflüh	**Vikar in Lützelflüh**.	33
10. 1. 1831	Münsingen	‚Volkstag' in Münsingen, der zum Rücktritt der aristokratischen Berner Regierung (12. 1. 1831), zu einer liberalen Verfassung Berns (31. 7. 1831) und zu einer neuen Regierung (21. 10. 1831) führt.	33

Jahr	Ort	Ereignis	Alter
Feb. 1831	Bern	Gründung der liberalen Zeitschrift *Berner Volksfreund*, für die Gotthelf regelmäßig Beiträge schreibt.	33
31. 7. 1831		§ 35 der *Verfassung für die Republik Bern* verwehrt Geistlichen die Wahl in weltliche Behörden. Gotthelfs politische Intervention beschränkt sich nun auf das **Schul- und Armenwesen** und die **Publizistik**.	33
Herbst 1831	Baselland	Feldprediger der Tagsatzungs-Truppen in Baselland, fordert Maßhalten und Friedenspolitik.	34
Anfang 1832	Bern	Wahl in die Große Landschulkommission, Mitarbeit am neuen Schulgesetz.	34
9. 3. 1832	Lützelflüh	Wahl zum **Pfarrer in Lützelflüh** als Nachfolger des verstorbenen Albrecht Fasnacht. Verlobung mit Henriette Zehnder (1805–1872), der Enkelin und Haushälterin Fasnachts.	34
8. 1. 1833		**Heirat mit Henriette Zehnder**. Der Ehe entsprießen drei Kinder: Marie Henriette, geb. 1834 (spätere Schriftstellerin Marie Walden), Bernhard Al-	35

Jahr	Ort	Ereignis	Alter
		bert, geb. 1835, Constantia Sophie Cäcilia, geb. 1837.	
1833		Mitbegründer und Vorsitzender des Vereins für christliche Volksbildung im Amte Trachselwald.	36
		Streit mit Philipp Emmanuel von Fellenberg, dem Begründer und Leiter des pädagogischen Musterguts Hofwil.	
1834		Gotthelf beantragt, im Eidgenössischen Heer sollten nur beamtete Pfarrer im Hauptmanns-Rang als Feldprediger wirken. Die Regelung gilt noch heute in der Schweizer Armee.	37
1834–1836	Burgdorf	**Lehrer für Schweizergeschichte** in den Fortbildungskursen für Primarlehrer in Burgdorf.	37–39
1. 6. 1835	Sumiswald	Eröffnung der Armenerziehungsanstalt in Sumiswald. Gotthelf ist Präsident der Verwaltungskommission.	37
1835–1845		Kantonaler Schulkommissär in seinem Amtsbezirk.	38–48
1836		**Erste Veröffentlichung** unter dem Pseudonym **Jeremias Gotthelf**:	39

Jahr	Ort	Ereignis	Alter
		Der Bauern-Spiegel oder Lebensgeschichte des Jeremias Gotthelf. Von ihm selbst beschrieben, datiert auf 1837.	
Anfang 1841	Lützelflüh	Niederschrift der *Schwarzen Spinne*.	43
Anfang 1842		**Veröffentlichung der *Schwarzen Spinne*** als erste Erzählung der sechsbändigen Sammlung *Bilder und Sagen aus der Schweiz* (Solothurn: Jent & Gassmann, 1842–46).	44
Juli 1842		Gruß-Schrift zum Eidgenössischen Freischießen in Chur: „Im Hause muss beginnen, was leuchten soll im Vaterlande"[8].	44
Anfang 1845		Auf Grund des Streits mit dem bernischen Schultheiß und Vorsteher des Erziehungsdepartements, Charles Neuhaus, entgeht Gotthelf knapp der Absetzung als Pfarrer und wird als Schulkommissär entlassen.	47
1845	Berlin	*Der Knabe des Tell*, erste Veröffentlichung bei seinem künftigen deutschen Verleger **Julius Springer in Berlin**.	48

8 Zit. n. ebd., S. 136

Jahr	Ort	Ereignis	Alter
1850/51		Julius Springer kauft die Verlagsrechte Gotthelfs. Dieser wird zum bestbezahlten Schriftsteller im ganzen deutschen Sprachgebiet.	53
1851	Lützelflüh	Beginn größerer gesundheitlicher Beschwerden: Herzschmerzen, Atemnot, Kropfleiden, Wassersucht und „Schlafsucht".	54
Januar 1852		Öffentlicher Streit mit dem wichtigsten Berner Politiker der Radikalen, dem späteren Bundesrat Jakob Stämpfli.	54
1853	Gurnigelbad	Kur im Gurnigelbad.	56
22. 10. 1854	Lützelflüh	**Tod Gotthelfs** wegen einer Lungenembolie infolge einer Lungenentzündung.	57
25. 10. 1854		Begräbnis in Lützelflüh.	

1.2 Zeitgeschichtlicher Hintergrund

Zwischen Gotthelfs Geburt 1797 und seinem Tod 1854 liegt die Zeit des größten Wandels der Schweiz:

> *„In nur zwei Generationen erlebte sie mehr konstitutionelle Veränderungen als während der gesamten zwei Jahrhunderte vorher. Der damit einhergehende Wandel war allerdings nicht nur politischer, sondern ebenso wirtschaftlicher und technischer als auch sozialer und kultureller, ja selbst ökologischer Natur."*[9]

1.2.1 Politik

In Gotthelfs Leben fallen nicht weniger als **sechs Änderungen der politischen Ordnung** der Schweiz und des Kantons Bern. Die Verkündigung der Helvetischen Republik 1798, die Mediation Napoelons 1803 und den Bundesvertrag der Kantone von 1815 erlebt Gotthelf als Kind und Jugendlicher, durch drei weitere Veränderungen sieht er sich als Erwachsener herausgefordert:

Anfang 1831 geben sich mehrere Kantone im Rahmen der Regeneration eine Verfassung nach liberalen Grundsätzen.	Gotthelf unterstützt den unblutigen Sieg der Liberalen, ihm ist die Gleichberechtigung zwischen Land und Stadt wichtig.

9 G. Andrey, S. 527

Im Juli 1846 gibt sich der Kanton Bern eine neue Verfassung nach radikalen Grundsätzen.	Gotthelf ist ein Gegner der Radikalen. In seinen Augen wird eine politische Führung weniger durch das Prinzip legitimiert, dem sie ihr Amt verdankt (Demokratie statt Aristokratie), als durch die Art, wie sie es zum Wohl des Landes ausübt.
Im September 1848 tritt die neue Bundesverfassung in Kraft. Die Schweiz wird zum Bundesstaat.	Gotthelf steht der neuen Ordnung skeptisch gegenüber.

Die vielen Verfassungsänderungen stärken Gotthelfs Überzeugung, dass bei der Verteidigung bestimmter Werte nicht Verfassung und Recht entscheiden, sondern das Ethos, das sie trägt. Diese von seinem Vorbild Pestalozzi beeinflusste Überzeugung legt er in seiner Gruß-Schrift an die Teilnehmer des Schützenfestes in Chur von 1842 dar:
„Wo Frieden werden soll zwischen Brüdern, da lässt er sich nie auf dem Gebiete des Rechts vermitteln [...]; im Brudersinne alleine ist der Friede zu finden."[10] Auf dieser Überzeugung beruht der berühmt gewordene Ausspruch in derselben Schrift: „Im Hause muss beginnen, was leuchten soll im Vaterlande."[11]

10 Zit. n. H. P. Holl, S. 136
11 Zit. n. ebd.

Vor diesem Hintergrund gewinnt das **Haus** in der im gleichen Jahr veröffentlichten *Schwarzen Spinne* eine **politische Bedeutung**.

1.2.2 Wirtschaft

Industrielle Revolution

Gotthelfs Leben fällt mit der stürmischen Anfangsphase der ersten industriellen Revolution zusammen.

„Als er 1797 geboren wurde, gab es noch keine Eisenbahn, keinen Telegraphen, keinen Kunstdünger [...], keine Fabrik, keine Fabrikarbeiter und also auch keinen Sozialismus. Als er 1854 starb, war dies alles vor seinen Augen entstanden. [...] So ist ausgerechnet der Dorfpfarrer Bitzius einer der ersten dichterischen Zeugen der industriellen Revolution, und sein Werk ist eine wahre Fundgrube für die ersten Ängste und Hoffnungen der neuen, modernen Zeit."[12]

Die Schweiz, um 1800 eines der am stärksten industrialisierten Länder, bekommt früh die ersten Strukturkrisen zu spüren:
Auf Grund der Konkurrenz der importierten Baumwolle bricht die zuvor blühende Leinwandindustrie im Emmental, besonders im Hinterland Lützelflühs, zusammen. 12.500 Menschen werden arbeitslos, eine Massenarmut ist die Folge.[13]

---

12 Ebd., S. 102 f.
13 Vgl. E. Gruner, S. 39

Agrarrevolution

Eine andere Quelle der Massenarmut ist die „große Revolution der Landwirtschaft“[14], die Gotthelf in der *Käserei in der Vehfreude* beschreibt. Die marktorientierte Käseproduktion verlangt Großbetriebe, die jedes Stück futterproduzierenden Landes intensiv nutzen und ganzjährig beschäftigtes Gesinde benötigen.

Die Folge:
Die Tauner, die landlosen Tagelöhner, verlieren bisher ungenützte Randzonen (Hecken, Hänge, Wegränder), auf denen sie Ziegen weiden oder Kartoffeln ziehen konnten, und werden als saisonale Hilfskräfte überflüssig.

1.2.3 Gesellschaft

Mobilität

Den Verlust der christlichen Demutshaltung zu Gunsten von „Hochmut und Hoffart“ führt *Die schwarze Spinne* auf das Eindringen ortsfremder Mentalitäten in die Dorfgesellschaft zurück. Sowohl von Stoffeln wie Christine wie die Mutter Christens kommen aus fremden Ländern (Polen, Deutschland) ins Emmental.
Tatsächlich wird die bäuerliche Gesellschaft zu Gotthelfs Zeiten durch eine nie gekannte Mobilität der Bevölkerung erschüttert.

14 Gotthelf: *Sämtliche Werke*, Band 12, S. 22. Im Folgenden abgekürzt zu SW, also hier SW 12, 22

Ausländerdichte

Zwischen 1798 und 1850 wächst die Bevölkerung des Kantons Bern um 62 % (Schweiz 43,7 %)[15], und die Schweiz gehört schon zu dieser Zeit „zu den europäischen Ländern mit besonders hoher Ausländerdichte“[16].

Binnenwanderung

Bern ist einer jener acht Kantone, in dem etwa drei Viertel (73 %) der Binnenwanderer in der Schweiz, also der außerkantonalen ‚Fremden‘, leben[17].

Tourismus

Der Tourismus hat einen derartigen Erfolg, dass man das bernische Interlaken „für eine englische Kolonie hätte halten können“[18].

In der *Schwarzen Spinne* findet sich der Spott über „Tausende von Engländern“, welche durch die Schweiz „rennen“. (7)

Dienstmädchen

Auf Grund des großen Bevölkerungswachstums müssen immer mehr Mädchen bei wohlhabenden Familien in den Dienst gehen und übernehmen dort eine neue städtische Mentalität.[19] Darauf ist die Polemik des jüngeren Götti gegen die „Schlärpli“ (22) gemünzt.

---

15 Vgl. G. Andrey, S. 536
16 Ebd., S. 538
17 Vgl. ebd., S. 541
18 Ebd., S. 557
19 Vgl. ebd., S. 568

Frauenbild

Die Polemik zwischen dem jüngeren Götti und der Gotte zeigt, dass das traditionelle Frauenbild nicht mehr selbstverständlich ist.

Machtverlust der Frau

Die Agrarrevolution führt zum Machtverlust der Frauen im bäuerlichen Großhaushalt. Die Frauen, die zuvor neben den Schweinen auch für die Kühe und die Milchproduktion mit zuständig waren, müssen dieses Kerngeschäft der monetarisierten Landwirtschaft ganz den Männern überlassen.[20]

Machtkämpfe

Die Schriften Gotthelfs sind Echoräume des Machtkampfs zwischen Männern und Frauen im bäuerlichen Großhaushalt. Sie hängen dem „Mythos der männlichen Herrschaft"[21] nach und werfen die Frage auf, ob dieser „nicht als Kontrapunkt der heimlichen Angst vor der Macht der Frau wirkt."[22]

20 Vgl. R. Sieder, S. 30 f.
21 M. Segalen, S. 264
22 Ebd.

Massenarmut

Den geschichtlichen Hintergrund zu den mit der Spinne verbundenen Ängsten um den Segen des Hauses bildet auch die Massenarmut außerhalb desselben.

Ängste

Beide Ängste, diejenige vor der Frau und diejenige vor der Armut, sind miteinander verbunden. „Denn es ist die Frau, die das Ansehen des Hauses durch das von ihr geprägte Bild wahrt: sparsam, fleißig und gastfreundlich allen gegenüber, vor allem jenen, die durch die Felder streichen und durch ihr Außenseiter-Dasein Angst auslösen."[23]

Ehelosigkeit

Mit dem „Agrarindividualismus"[24] und der Massenarmut geht für eine Mehrheit von Menschen der Verzicht auf die Ehe einher.

Da die Erlaubnis zur Eheschließung an den Nachweis eines ‚ausreichenden Nahrungsstandes' gebunden ist, sind noch 1860 von den über 18 Jahre alten Einwohnern in der Schweiz bloß 46,9 % verheiratet (verglichen mit 73,6 % in Frankreich!).[25]

Für viele Menschen in Gotthelfs Umgebung kann gar nicht „im Hause" beginnen, „was leuchten soll im Vaterland". Sie sind vom Segen in Familie, Haus, Stall und Feld von vornherein ausgeschlossen.

23 Ebd.
24 G. Andrey, S. 544
25 Vgl. E. Gruner, S. 33

Durch seinen Einsatz im Verein für christliche Volksbildung, in der Armenerziehungsanstalt Trachselwald und im Schulwesen allgemein tut Gotthelf zwar alles, um die Massenarmut zu bekämpfen. Er macht sich aber auch Illusionen über die Möglichkeit der neuen Großhaushalte, die massenhaft Verarmten zu integrieren.

Das Ideal	**Die Wirklichkeit**
In *Uli der Pächter* erscheint der bäuerliche Großhaushalt als „der große unerschöpfliche Krug, welcher […] Hunderten und abermal Hunderten Trost und Rat, Speise und Trank, Herberge und manch warmes Kleide jahraus jahrein"[26] bietet.	Die Großbauern vermögen die Tauner, zu deren Verarmung die Vergrößerung ihrer Höfe beiträgt, nicht in ihr Gesinde zu integrieren. 1846 beträgt der Anteil der Armen an der Gesamtbevölkerung in der Umgebung von Lützelflüh (Bezirk Trachselwald) zwischen 13 und 15 %![27]

Während die Vertreter der alten Berner Obrigkeit „als Vätter dess Vatterlandts"[28] bei den Konflikten zwischen besitzenden Bauern und besitzlosen Taunern immer zu Gunsten der letzteren eingegriffen haben[29], verschärfen die Maßnahmen der radikalen Berner Regierung das Massenelend:

26 Zit. n. ebd., S. 189
27 Vgl. ebd., S. 26 f.
28 Zit. n. F. Häusler, S. 285
29 Vgl. ebd., S. 285–292

1839/40 werden die Rechte der Besitzlosen auf Weide- und Holznutzung aufgehoben.

1846 lässt die Verfassungsrevision große Teile der Wälder in Privatbesitz übergehen und entzieht sie der Nutzung durch die Armen.

1847 schafft die Berner Regierung ersatzlos die Verpflichtung der Gemeinden zur Unterstützung der Armen ab, die die alte Obrigkeit im 17. Jahrhundert eingeführt hat.

Gotthelf wird in den vierziger Jahren auch deshalb ein immer heftigerer Gegner des radikalen Liberalismus, weil er sieht, welch verheerende Auswirkungen dessen Politik auf die Armen hat.

Wechsel der Funktionärselite

Eine der wichtigsten kulturellen Veränderungen im Lauf von Gotthelfs Leben ist die neue Bestimmung der Rolle der Kirche, insbesondere derjenigen der Pfarrer.[30]

Pfarrer	Juristen
Unter der alten Obrigkeit waren die Pfarrer neben den Landvögten die einzigen „Funktionäre der Obrigkeit"[31].	Als Gotthelf 1831 in Lützelflüh tätig wird, bilden die Juristen die neue „staatstragende Funktionärselite"[32].

30 Vgl. dazu F. de Capitani, S. 495 f.
31 G. Kreis, S. 15
32 W. Hahl (1999), S. 245

Gotthelf vertritt auch nach 1831 die herkömmliche Auffassung über die umfassenden gesellschaftlichen und politischen Aufgaben des Pfarrers in den neuen Institutionen sowohl des Armen- wie des Schulwesens.

Bildungseifer

Bei der Verbreitung der christlichen Gesinnung ist Gotthelf ebenso wie die neue politische Ordnung darauf angewiesen, dass immer mehr Menschen lesen und schreiben können.

Leselust

„Die fortschreitende Alphabetisierung und die Entwicklung der Presse regten die Leselust an"[33]. Der Analphabetismus ist allerdings noch nicht überwunden: Etwa 30 % der Männer und ein noch höherer Prozentsatz der Frauen sind davon betroffen.[34]

‚Volksschriftsteller'

Als ‚Volksschriftsteller' wird Gotthelf eher im gehobenen und allenfalls mittleren Bürgertum gelesen als unter den Bauern. Seine Leser sind eher Gebildete, die, wie er selbst, „nach ihrem teils aufgeklärten, teils patriarchalischen Selbstverständnis eben auch ‚für das Volk' zu denken und zu sorgen hatten."[35]

33 G. Andrey, S. 588
34 Vgl. H. P. Holl, S. 100
35 W. Hahl (1994), S. 21

1.3 Angaben und Erläuterungen zu wesentlichen Werken

In den nur 18 Jahren seines Schaffens als Schriftsteller hat Gotthelf zwischen 1836 und 1854 ein Werk geschaffen, das in der Gesamtausgabe des Eugen Rentsch Verlags (heute Orell Füssli) 24 Bände von je rund 400 Seiten umfasst. Weitere 18 Bände füllen seine Predigten, Briefe, Berichte, Reden und Entwürfe.
Trotz der Kontinuität seines Schaffens treten phasenweise drei unterschiedliche Akzente hervor:

1836–1840: 1. Schaffensphase, Akzent der Volkserziehung
1841–1845: 2. Schaffensphase, Akzent der Objektivierung
1846–1854: 3. Schaffensphase, Akzent der Zeitkritik

Zu den einzelnen Phasen werden nun mit dem Erscheinungsjahr, der Band-Nummer in der oben genannten Gesamtausgabe und einigen Stichwörtern zum Inhalt **nur diejenigen Werke aufgeführt, auf die in den vorliegenden *Erläuterungen* auch sonst noch Bezug genommen wird**, weil sie entweder für *Die schwarze Spinne* oder für das Gesamtwerk besonders wichtig sind.

1. Schaffensphase: Volkserziehung

1837	*Der Bauern-Spiegel oder Lebensgeschichte des Jeremias Gotthelf. Von ihm selbst beschrieben.* Roman. Fiktive Autobiografie des Güterbuben Jeremias, der es trotz großer Schwierigkeiten schafft, sozial aufzusteigen.	I

1838/39	*Leiden und Freuden eines Schulmeisters.* Roman in 2 Bdn. Lebensgeschichte des armen Schulmeisters Peter Käser.	II/III
1838	*Die Wassernot im Emmental.* Erzählung. Darstellung einer Hochwasserkatastrophe, wie sie am 13. August 1837 stattfand.	XV
1839	*Der Ritter von Brandis.* Sage. Teilabdruck der *Wassernot.* Menschliche Bosheit in Analogie zur Naturkatastrophe.	XVI
1839	*Dursli der Branntweinsäufer.* Erzählung. Verwahrlosung und schließliche Rettung eines jungen Alkoholikers.	XVI

2. Schaffensphase: Objektivierung

1841	*Wie Uli der Knecht glücklich wird. Eine Gabe für Dienstboten und Meisterleute.* Roman. Entwicklungsgeschichte eines Knechts, der sich zum Pächter emporarbeitet.	IV
1842	*Die schwarze Spinne.* Erzählung. Erste Erzählung im ersten Band der Sammlung *Bilder und Sagen aus der Schweiz,* der auch die Sage *Der Ritter von Brandis* und die Märchenerzählung *Das gelbe Vöglein und das arme Margrithli* enthält.	XVII
1843/44	*Wie Anne Bäbi Jowäger haushaltet und wie es ihm mit dem Doktern geht.* Roman. Bauernfamilie in ihren Beziehungen zu Quacksalbern, Ärzten und zum Pfarrhaus.	VII

1843/44	*Geld und Geist oder Die Versöhnung*. Roman. Gegensatz zwischen dem Geist von Liebiwyl und der Geldgier des Dorngrütbauern.	VII
1844	*Kurt von Koppigen*. Erzählung. Raubrittergeschichte aus dem 13. Jahrhundert in der Gegend von Utzenstorf.	XVII
1845	*Der Knabe des Tell*. Erzählung. Kindheits- und Jugendgeschichte, die mit dem Tod in der Schlacht am Morgarten endet.	XVIII

3. Schaffensphase: Zeitkritik

1845	*Käthi die Großmutter oder Der wahre Weg durch jede Not*. Roman. Verklärung der Armut.	X
1848	*Uli der Pächter*. Roman. Als Emporkömmling droht Uli an seinem Leichtsinn unterzugehen, wird aber gerettet.	XI
1850	*Die Käserei in der Vehfreude. Eine Geschichte aus der Schweiz*. Roman. Umwälzung einer Dorfgesellschaft im „Käsefieber".	XII
1851	*Sage vom Meyer auf der Mutte*. Pesterzählung.	XXI
1852	*Zeitgeist und Berner Geist*. Roman. Kritik an den Radikalen in der Berner Lokalpolitik der 1840er Jahre.	XIII

In Gotthelfs Gesamtwerk nimmt *Die schwarze Spinne* eine gewisse Sonderstellung ein, weil sie sich keiner Gruppierung von Erzählungen (Zeitkritik, Verklärung, Sage, usw.) eindeutig zuordnen lässt.[36] Gerade deshalb lassen sich verschiedene Bezüge zum übrigen Werk herstellen.

Die Sagenerzählungen von 1841

Drei Sagenerzählungen schreibt Gotthelf im Frühling 1841 mit der *Schwarzen Spinne* zusammen nieder: *Die drei Brüder*, *Die Rotentaler* und *Die Gründung Burgdorfs*.

Die vier Sagenerzählungen weisen folgende Gemeinsamkeiten auf:

1. Die Vergangenheit wird als das Gegenteil einer heilen Welt dargestellt.	Die Urzeit in den *Rotentalern*, die Antike in den *Drei Brüdern* und das Frühmittelalter in der *Gründung Burgdorfs* geben wie das Spätmittelalter in der *Schwarzen Spinne* dem Wüten menschlicher und übermenschlicher Ungeheuer Raum.
2. Die wilde Vergangenheit wird mit Gotthelfs Gegenwart verbunden.	*Die Rotentaler* und *Die drei Brüder* sind Rahmenerzählungen. In den *Rotentalern* wird die Binnengeschichte von einem Greis erzählt, in den

36 Vgl. H. P. Holl, S. 95

	Drei Brüdern in einer Essenspause.
3. Die Ungeheuer werden in ihre Schranken gewiesen.	An von Stoffeln erinnern in den *Rotentalern* sowohl die vorzeitlichen Riesen wie die Berner Stadtregenten. Beide werden für ihr Wüten bestraft. In den *Rotentalern* wie in der *Gründung Burgdorfs* spielt ein urzeitlicher Drache eine ähnliche Rolle wie die schwarze Spinne.

Die Romane von 1841–1844

Grundlegender ist der inhaltliche Bezug der *Schwarzen Spinne* zu den drei Romanen, in deren zeitlicher Nähe sie entstanden ist: zu *Uli der Knecht*, *Anne Bäbi Jowäger* und *Geld und Geist*.

Die scharze Spinne verdichtet novellenhaft, was die drei Romane in breiten Lebensgeschichten ausführen, nämlich dass „Glück und Gottes Segen" (119) in erster Linie davon abhängen, wie die Menschen mit einem harten Schicksal umgehen.	In den drei Romanen geht es wie in der *Schwarzen Spinne* um die Frage, „was ein Haus bauet und ein Haus zerstört, was Segen bringt und Segen vertreibt." (118)

Da dem Übel das Böse selbst zu Grunde liegt, „ist in ihm alles enthalten, was für Gotthelf dämonisch ist."[37]

„In *Geld und Geist*, wo das Böse auch wie ein Dämon ausbricht, ist es die Lieblosigkeit, der Egoismus, die Gottlosigkeit. Im *Anne Bäbi* ist es der Aberglaube, die Herrschsucht der Beschränkten."[38]

Übriges Werk

Das Böse wird im Gesamtwerk Gotthelfs oft angesprochen. „In den politischen Werken ist es der Zeitgeist, diese moderne Form des Paktierens mit dem Teufel. Er wird im Vorwort zu *Zeitgeist und Berner Geist* in Wendungen beschworen, die unmittelbar an die Sprache der *Schwarzen Spinne* erinnern."[39]

Das Untier der Pestspinne betrachtet Walter Muschg als Nachwirkung der „Erregung durch die Emmenschlange beim Hochwasser von 1837"[40].

Die Pest als Motiv verbindet *Die Schwarze Spinne* mit der *Sage vom Meyer auf der Mutte*.

Die Spinne findet sich schon in *Dursli der Branntweinsäufer* und *Kurt von Koppigen*.[41] Der Epilog zum *Dursli* gar „wirkt wie eine Vorstudie zur *Schwarzen Spinne*."[42]

---

37 W. Muschg (1954), S. 206
38 Ebd.
39 Ebd.
40 Ebd.
41 Vgl. W. Muschg (1931/1967), S. 207–210
42 Ebd., S. 210

Die Taufe findet ebenfalls in anderen Texten als Motiv ihr Echo. „Schon im ersten Kapitel des *Bauernspiegels* macht sich Jeremias über die Angst seiner Eltern lustig, er könnte ungetauft sterben und dadurch die Seligkeit verlieren. Auch im *Schulmeister* ist (im 15. Kapitel des zweiten Teils) ausführlich davon die Rede."[43]

43 Ebd., S. 207

2. Textanalyse und -interpretation

2.1 Entstehung und Quellen

2.1.1 Entstehung

Im Frühling 1841, nachdem er *Uli der Knecht* an den Verleger geschickt hat, schreibt Gotthelf *Die schwarze Spinne* ziemlich rasch im Verein mit drei anderen Sagenerzählungen nieder.

Drei Briefe geben darüber Auskunft:

24. 5. 1841: Gotthelf an den Volksschriftsteller Alfred Hartmann:
„Hier endlich eine Sage, von der ich drei Bruchstücke aufgabelte, deren Verknüpfung mein armes Gehirn in Anspruch nahm.“[44]

20. 7. 1841: Carl Bitzius an Gotthelf:
„Du weißt, wie wohl mir die *Spinne* gefallen.“[45]

3. 8. 1841: Gotthelf an den Historiker, Pfarrer und Schulmann Johann Kaspar Mörikofer:
„Durch einen Zufall angetrieben, habe ich mir damit die Zeit verkürzt, einige Sagen auf- und einzufassen.“[46]

Da Hartmanns Almanach *Alpina* 1842 nicht erscheint, lässt Gotthelf die Erzählung im selben Jahr beim Solothurner Verlagshaus Jent & Gassmann veröffentlichen.

44 SW Erg.-Bd. V, S. 115
45 Ebd., S. 140
46 Ebd., S. 142

2.1.2 Quellen

„Schon behandelt worden“[47] sei eine der vier Sagen, die er im Frühjahr niedergeschrieben habe, schreibt Gotthelf an Mörikofer am 3. August 1841.

Unter dem Titel *Die schwarze Spinne* hat August Friedrich Ernst Langbein 1819 eine Erzählung veröffentlicht, die Gotthelf wahrscheinlich über die Werkausgabe in 31 Bänden (1835–1837) gekannt hat.

In zwei Motiven stimmen beide Erzählungen überein: Verpflöckung der Spinne, der Grüne.

„Drei Bruchstücke“[48] habe er in *Die Schwarze Spinne* miteinander verknüpft, schreibt Gotthelf am 24. 5. 1841 an Alfred Hartmann. Drei Motive könnten damit gemeint sein:

1. Die Verpflöckung der Spinne
Dieses Motiv schöpft Gotthelf wohl wie Langbein aus einer Appenzeller Volkssage, die von den Brüdern Grimm in ihren *Kinder- und Hausmärchen* 1812/15 unter dem Titel *Der Geist im Glas* adaptiert wurde.

2. Die Seuche
Das Motiv einer durch ein Stück Holz eingeschlossenen und wieder ausbrechenden Seuche stammt wohl aus zwei Sagen aus der Innerschweiz: *Pestrauch verkeilt* und *Wie ein Capuziner aus dem Lucernerbiet die Seuche begrabt und verkeilt.*

47 Zit. n. W. Mieder, S. 42
48 Zit. n. ebd., S. 40

3. Der Hausbau

In *Das Gespenst in einen Balken gebannt* wird der Balken „von einem alten Hause genommen"[49], worin ein Pfarrer das Gespenst „mit einem geweihten Zapfen"[50] eingeschlossen hat.

Vielzahl von Motiven

Gotthelf hat diese drei „Bruchstücke" um eine Vielzahl von Motiven ergänzt:

- Die Geschichte mit von Stoffeln ist eine **Zwingherrensage**, wie sie in der Schweiz vielfach kursierten (vgl. Gessler und Wilhelm Tell).
- Der **Deutsche Ritterorden** erhielt die Herrschaft über Sumiswald 1225, also kurz vor der Zeit, in der die erste Binnengeschichte spielt.
- Die Wappenscheibe der **von Stoffeln** ziert noch heute die Kirche von Sumiswald, nur lebte Hans-Ulrich von Stoffeln Anfang des 16. Jahrhunderts und war kein Tyrann.
- Die **Lindauerin** könnte der *Sammlung alter und neuer Urkunden zur Beleuchtung der Kirchen-Geschichte, vornehmlich des Schweizer-Landes* von J. J. Simler entstammen, in der eine vom Teufel besessene Maria N. 1753 „‚bey den Linden' [einem Ort in der Gemeinde Rohrbach] im Schnee gefunden worden sei"[51].
- Die Verwandlung Christines in eine Spinne erinnert an **Arachne**, jene Teppichweberin, die im Wettstreit mit der Göttin Pallas Athene auf ihrem Teppich die Liebesabenteuer der Götter darstellt und zur Strafe für diese Vermessenheit in eine Spinne verwandelt wird.
- In Sumiswald gab es 1434, also zur Zeit, in der die zweite Binnengeschichte mit Christen spielt, tatsächlich ein großes **Peststerben**.

49 Zit. n. ebd., S. 32
50 Ebd.
51 Zit. n. K. Lindemann, S. 17

- Am „berühmten **Scheibentische**, der jetzt noch im ‚Bären' zu Sumiswald zu sehen ist" (117), saß Gotthelf selbst, wenn er sich um die Armenanstalt in Sumiswald kümmerte. Ein Spruch weist dort seit 1821 auf die Pest von 1434 hin.
- Den **Hof im Hornbach** kannte Gotthelf ebenfalls aus eigener Anschauung. Dass er dort die Spinnensage habe erzählen hören, ist aber nicht gesichert.

Die in zwei Fassungen überlieferte Rohrbacher Sage *Vo dr schwarze Spinnele*, die erst 1924 schriftlich fixiert wurde, hat Gotthelf wohl kaum als Quelle gedient.[52] Sie ist eher als eine volkstümliche Überlieferung seiner *Schwarzen Spinne* zu betrachten.

52 Vgl. deren standarddeutsche Zusammenfassung bei W. Muschg (1931/1967), S. 277 f.

2.2 Inhaltsangabe

2.2.1 Rahmengeschichte I: Die Taufe

Die Ordnung

Die Erzählung setzt am frühen Morgen eines Himmelfahrtstages ein. Im Einklang mit der Natur putzen Männer und Frauen Hof und Haus rein, bereiten Speisen und Getränke zu und stellen mit diesen Tätigkeiten ihre Lebenstüchtigkeit zur Schau. Eine Kindstaufe steht an. Die Großeltern, die Eltern und die Hebamme als Köchin zeigen sich beim Eintreffen der Patin und der zwei Paten alter Sitte gemäß im Geben großzügig, im Nehmen bescheiden.

Die Patin

Im Zentrum des folgenden Geschehens steht die Patin. Sie muss essen und trinken, wird eingekleidet und den Paten vorgeführt und muss einen Teller Weinwarm auslöffeln. Danach muss sie das Taufbüblein zur Kirche tragen, eine „gute Gelegenheit, dem schönen ledigen Götti zu zeigen, wie stark ihre Arme seien“ (15).

Das Versehen

Nach dem ersten Ausschreiten hält sie plötzlich ein, übergibt den Täufling dem Mädchen, das ihn nach der Taufe nach Hause tragen soll, bleibt zurück, versucht den Großvater und den Vater in ein Gespräch zu verwickeln und trinkt im Wirtshaus, wo die Taufgesellschaft einkehrt, nicht mit. Erst jetzt erfahren wir, dass ihr aus Versehen der Name des Kindes nicht mitgeteilt wurde, den sie dem Pfarrer bei der Taufe nennen soll. Danach fragen darf sie nicht, da das Kind so altem Aberglauben gemäß „zeitlebens neugierig“ (17) würde. Die

Angst der Patin wächst, bis zur Taufe, wo sie nicht mehr weiß, wo sie ist.

Die Erlösung

Auf dem Höhepunkt ihrer Angst erlöst der Pfarrer sie, da er den Namen weiß. Sie mag „gar nicht warten, bis sie ihre geheime Angst offenbaren" (19) und mit den andern darüber lachen kann.

Die Taufgesellschaft kehrt auf den Hof zurück und bekommt reichlich zu essen und zu trinken. Im Tischgespräch streiten der jüngere Pate und die Patin halb neckisch, halb ernst über das, was sie beim jeweils anderen Geschlecht vermissen.

Auf den Vorschlag des älteren Paten hin besichtigen die Männer die Ställe und die Heubühne, die Frauen den Blumen- und Gemüsegarten, danach lässt man sich unter einem Baum nieder und betrachtet die Landschaft. Der ältere Pate erkundigt sich nach dem Hausneubau, eine der Frauen fragt, warum „der wüste, schwarze Fensterpfosten (Bystel)" (26) stehen geblieben sei. Der Großvater weicht mehrmals aus, wird aber gedrängt, „aufrichtigen Bericht" (27) zu geben.

2.2.2 Erste Binnengeschichte: Ritter und Bauern

Die gestörte Ordnung

Das alte Holz des Fensterpfostens lässt den Großvater an die Anfänge der Menschheit und der Siedlungen im Emmental zurückdenken.

Danach beginnt er die Geschehnisse im 13. Jahrhundert zu erzählen. In Sumiswald herrschen damals die Ritter des

Teutschen Ordens, die zu den Untertanen „keine Anhänglichkeit" (28) entwickeln. Einer der schlimmsten Schlossherren ist Hans von Stoffeln. Er erzwingt den Bau eines neuen Schlosses und befiehlt den Bauern unter schweren Drohungen, innerhalb Monatsfrist einen Schattengang von hundert ausgewachsenen Buchen anzupflanzen.

Der Bund mit dem Bösen

Die Bauern sind verzweifelt, als ein langer, dürrer grüner Jägersmann mit schwarzem Gesicht und rotem Bärtchen ihnen seine Hilfe anbietet: Er ist bereit, ihnen die Buchen zu führen, wenn sie ihm ein ungetauftes Kind überlassen. Die Bauern weichen ihm aus, nur Christine, eine aus Lindau am Bodensee zugezogene Frau, meint, es würde ihren Seelen nicht schaden, wenn der Teufel ihre Arbeit übernähme.

Hilfe des Teufels

Der Versuch der Männer und Frauen, die Buchen ohne Hilfe des Teufels zu transportieren, wird durch eine Reihe von Missgeschicken vereitelt.

Bei einer Essenspause taucht der Grüne wieder auf, die Bauern fliehen, und Christine steht ihm allein gegenüber. Er schmeichelt ihr und sie meint, sie sei ihm gewachsen wie den andern Männern auch. Sie verspricht ihm das nächste ungetaufte Kind, wenn er die Erstellung des Schattengangs ermögliche. Insgeheim hofft sie, man brauche „ihm gar nichts zu geben" (44), lasse Messen lesen und lache den Grünen aus. Der Teufel besiegelt ihr Versprechen durch einen Kuss. Ihr ist, „als ob von spitzigem Eisen aus Feuer durch Mark und Bein fahre, durch Leib und Seele" (45). Danach spürt sie auf der Wange ein immer glühenderes Brennen. Um sie herum heult und tost es, „als ob die Geister der Nacht Hochzeit hielten" (46).

Inzwischen beginnen auch die Bauern den Wert ihrer aller höher zu werten als den eines einzigen ungetauften Kindes. Sie meinen nun wie Christine, die Hilfe des Teufels annehmen und ihn überlisten zu können. Außer einer jungen und einer alten ehrwürdigen Frau hoffen alle, man werde mit Hilfe eines Priesters die Gegenleistung vermeiden können.
Am Urbanustag steht der Schattengang wie befohlen vor dem Schloss. Die Bauern frohlocken. Von Stoffeln ist die Sache zwar unheimlich, aber er will sich keine Blöße geben und macht nichts rückgängig.
Bei der nächsten Niederkunft wagt nur eine Frau, den Priester ins Vertrauen zu ziehen. Er tauft das Kind und mahnt die Bauern „zu zagen und zu beten" (58), doch diese feiern ihre vermeintliche Überlistung des Teufels mit einem großen Essen.

Vermeintliche Überlistung des Teufels

Christine fühlt anlässlich der Taufe auf der Wange schreckliche Schmerzen, ein schwarzer Punkt mit dunklen Streifen und einem Höcker bildet sich. Als die zweite Niederkunft naht, wird eine giftige Kreuzspinne sichtbar, die alle Menschen vor Christine die Flucht ergreifen lässt.
Bei der Geburt tauft der Priester das Kind gegen den Widerstand Christines. Nun entlässt die Kreuzspinne unzählige kleine Spinnchen, die eine Viehseuche verbreiten, so dass Herde um Herde verendet. Von Stoffel befiehlt den Bauern, ihren Pakt einzuhalten und ihm sein Vieh zu ersetzen. Diese kommen mit Christine überein, das nächste neugeborene Kind zu opfern.
Nun ist die junge Frau schwanger, die den Bericht über Christines Pakt nicht billigte und als Christines Schwägerin in deren Haus wohnt. Sie hat als einzige Stütze ihre Schwiegermutter und den Priester. Ihr Mann Hans ist bereit, Christine das Kind zu überlassen.

Als die Geburt naht, trödelt er absichtlich auf dem Weg zum Priester, doch diesen mahnt ein heftiges Gewitter, sich zu beeilen. Er kommt zum Kilchstalden, als Christine dem Teufel das geraubte Kind übergeben will. Mit den drei höchsten heiligen Namen, dem Kreuz und mit Weihwasser verjagt er den Teufel, lässt Christine in die Spinne schrumpfen, befreit das Kind von der Spinne, bringt es zur Mutter und tauft es, bevor es und dann auch er selber an der Vergiftung durch die Spinne stirbt.

Das Weihwasser lässt Christine in die Spinne schrumpfen

Das Gewitter zeigt den Dorfbewohnern, „dass ein Gott im Himmel sei, der alles Unrecht, das armen Kindern, die sich nicht wehren können, angetan wird, fürchterlich räche." (82)
Nun verfolgt die Spinne alle Menschen und steckt sie mit einem tödlichen Brand an.
Auf dem Schloss hört man von der Plage. Ein junger Polenritter will die Spinne bekämpfen. Er wird von ihr gestochen und stürzt über eine Fluh hinab zu Tode.
Nun soll den Rittern ein „ferner Pfaffe" (87) helfen. Beim Festmahl mit ihm lässt die Spinne von Stoffeln, dann allen Rittern und dem Pfaffen ihre tödliche Glut durch den Körper brennen. Die Spinne verschont niemanden, jeder Versuch, ihr entgegenzutreten, scheitert.

Die Bannung des Bösen

Als einziges Haus hat die Spinne dasjenige Christines verschont, in dem nur die junge Frau und ihre Schwiegermutter mit dem treuen Bübchen und dessen Schwesterchen überlebt haben. Die junge Frau will das Tal von der Spinne befreien. Alten Berichten folgend, bohrt sie ein Loch in den Fensterpfosten neben der

Die Spinne wird eingesperrt

Wiege und legt einen geweihten Zapfen und einen Hammer neben sich. Im Schlaf, der sie überwältigt, hört sie den Priester die Spinne ankündigen. Sie erwacht, sieht die Spinne, ergreift sie, sperrt sie mit Hilfe des Zapfens und des Hammers ins bereitete Loch ein und stirbt.
Damit ist der „schwarze Tod" (92) zu Ende. Ruhe und Leben kehren ins Tal zurück, während die Spinne im Fensterpfosten eingesperrt bleibt.

2.2.3 Rahmengeschichte II: Sprechen statt Schweigen

Der Hinweis des Erzählers auf die Gegenwart der Spinne im Fensterpfosten lässt die Patin auffahren und macht die übrigen Zuhörer beklommen.
Die Großmutter wirft dem Großvater vor, er habe die Stimmung verdorben. Der Großvater widerspricht energisch, die Wahrheit bringe seinem Hause keine Unehre, die Spinne bleibe „mäuschenstill" in ihrem Pfosten, „solange man hier außen Gott nicht vergisst" (95).
Beim weiteren Essen wird nicht viel gesprochen. Ein erneuter Angstanfall der Patin veranlasst den älteren Paten zur Frage, ob die Spinne seit sechshundert Jahren nie mehr aus dem Loch gekommen sei. Entgegen dem erneuten Einspruch der Großmutter beginnt der Großvater wieder zu erzählen und sagt, vielleicht werde sich „in der heutigen Zeit jemand ein Exempel daran nehmen" (96).

2.2.4 Zweite Binnengeschichte: Meister und Gesinde

Die gestörte Ordnung

Nach dem Ende der Spinnenplage leben die Bauern und die neu eingezogenen Ritter ein gottesfürchtiges und friedliches Leben. Im alten Haus bleibt die Spinne gebannt durch die drei heiligen Namen Gottes, und diese geben jenen Sicherheit, die sie ehren. Das Bübchen der Märtyrerin wird ein frommer, stattlicher Mann mit einer langen Nachkommenschaft.

Hochmut und Hoffart

Generationen später kehren durch „fremde Weiber" (99) wieder Hochmut und Hoffart ein. Im 15. Jahrhundert herrscht im Haus mit der Spinne eine schlaue und kräftige Frau, eine Fremde wie Christine und dieser in vielem ähnlich. Sie beherrscht ihren gutmütigen Sohn Christen, verheiratet ihn mit einer Frau, die herrschsüchtig ist wie sie und lässt aus Hoffart und auch aus Angst vor der Spinne ein neues Haus bauen, plagt dabei Gesinde und Vieh und setzt sich bei der prunkvollen Einweihung über alle warnenden Stimmen und Zeichen hinweg.

Im alten Haus wird das Gesinde sich selbst überlassen, so dass der „tierische Übermut" (104) bald keine Schranken mehr kennt.

Die Befreiung des Bösen

In ihrer Gottlosigkeit beginnen die Knechte, die Mägde mit der Spinne im Loch zu schrecken. Ein fremder Knecht mit unheimlichem Wesen treibt es besonders schlimm. Am Heiligen Abend, nach übermäßigem Weingenuss, Tanzen und einer gotteslästerlichen Hundstaufe, befreit er in seiner Raserei die Spinne. Sie tötet alles Gesinde und auch die Mutter und die

Befreiung der Spinne

Frau Christens. Als dieser von der Messe zurückkommt, lebt nur noch ein fremdes Bübchen, das er beim Gesinde untergebracht hat, und seine eigenen Kinder.
Die Spinne bringt der ganzen Talschaft den Tod. Plötzlich wollen alle wieder fromm sein und schieben die ganze Schuld auf Christen. Er hätte das neue Haus nicht bauen, das Gesinde besser meistern und seiner Mutter und seiner Frau nicht die Herrschaft überlassen sollen.

Die Bannung des Bösen

Christen ist bereit, das Übel zu sühnen, und bereitet im alten Haus wie die junge Frau zweihundert Jahre zuvor die erneute Bannung der Spinne vor.
Inzwischen steht eine Geburt an. In der Angst um das ungetaufte Kind geht die Wöchnerin, ein wildes Weib, zu Christen, damit er den Pfarrer hole. Sie gebärt das Kind auf seiner Türschwelle. Christen verlässt seine Kinder, um das Neugeborene zur Taufe zu bringen. Am Kilchstalden begegnet er der Spinne und sieht den Grünen hinter einem Busch. Er ruft den dreieinigen Gott an, überlässt das Kind dem fremden

Die Spinne wird erneut eingesperrt

Bübchen, das ihm nachgelaufen ist, ergreift die Spinne, überwindet das wilde Weib, das ihn ohne ihr Kind zurückkommen sieht, verschließt die Spinne im alten Loch, sieht noch, dass seine Kinder überlebt haben, und stirbt.
Nun erkennen die Dorfleute ihr Unrecht gegenüber Christen und begraben ihn mit hohen Ehren. Nach der Todesmesse und dem Todesmahl finden sie das neue Haus niedergebrannt.

Für das leibliche und seelische Wohl von Christens Kindern sorgen die Dorfleute so gut, dass im alten Haus wieder eine lange Nachkommenschaft von gottesfürchtigen Menschen lebt.

2.2.5 Rahmengeschichte III: Die Mahnung

Auf die Frage des älteren Paten, woher der Großvater die Geschichte kenne, sagt er, sie sei innerhalb der Familie weitererzählt worden, „damit kein Glied derselben vergesse, was ein Haus bauet und ein Haus zerstört, was Segen bringt und Segen vertreibt." (118)
Mit der Geschichte bewahrt die Familie auch „das Holz, worin die Spinne sei" (119) und „den alten Sinn, der ins alte Holz die Spinne geschlossen" (119). So wird gemäß dem Ratschlag eines weisen Mannes bei jedem Neubau des Hauses an der Stelle des alten der Pfosten mit der Spinne in die neuen Balken eingefügt.

Ratschlag eines weisen Mannes

Der ältere Pate sagt, alles sei an der Geschichte zwar kaum glaubhaft, „aber etwas muss doch an der Sache sein, sonst wäre das alte Holz nicht da." (120) Dem jüngeren Paten ist wichtiger, dass man viel habe daraus lernen können und Kurzweil gehabt habe. Nun wird auf die Aufforderung der Großmutter hin weiter getafelt, bis der Mond und die Sterne, „die geheimnisvollen Mahner" (121), am Himmel stehen.
Die Patin eröffnet mit ihrem Aufstehen den allgemeinen Aufbruch. Ums Haus und im Haus wird es still wie vor dem Sonnenaufgang, der die Erzählung eingeleitet hat.

2.3 Aufbau

2.3.1 Das Gerüst der Handlungen

Drei Handlungen – ein Rahmen und zwei Binnengeschichten

In *Die schwarze Spinne* verknüpft Gotthelf drei Handlungen aus drei Zeiträumen zu einem Rahmen mit zwei Binnengeschichten:

Rahmengeschichte
um 1830/40
Tauffest
Gemeinschaft der Bauern

1. Binnengeschichte	**2. Binnengeschichte**
um 1230/40	um 1430/40
1. Spinnenplage	2. Spinnenplage
Ritter und Bauern	Meistersleute und Gesinde

Ordnungstiftende Analogien

Die Rahmengeschichte und die beiden Binnengeschichten werden durch mehrere zwei-, drei- und viergliedrige Analogien zu einem Ganzen integriert.
Ein schematischer Überblick über die Sequenzen der ganzen Erzählung lässt folgende Analogien hervortreten:

Idylle im Glanz der Sonne	Erster Teil der ersten äußeren Rahmung
Empfang der Gäste	Erster Teil der zweiten äußeren Rahmung
Erste Mahlzeit	Erste innere Rahmung
Taufe	**Erste Episode**
Zweite Mahlzeit	Zweite innere Rahmung
Erste Spinnenplage	**Zweite Episode**
Dritte Mahlzeit	Dritte innere Rahmung
Zweite Spinnenplage	**Dritte Episode**
Vierte Mahlzeit	Vierte innere Rahmung
Verabschiedung der Gäste	Zweiter Teil der zweiten äußeren Rahmung
Idylle im Glanz des Mondes	Zweiter Teil der ersten äußeren Rahmung

Während die zwei- und viergliedrigen Analogien mehrfachen Rahmungen angehören, betrifft die dreigliedrige Analogie die daraus hervortretenden Episoden.

Drei Episoden

Die Taufepisode steht in deutlichem inhaltlichen Kontrast zu den beiden Spinnenepisoden, entspricht ihnen aber formal in ihrem Ablauf.

Das Ablaufschema aller drei Episoden ist:

1. Störung der Ordnung
2. Gipfel- und Wendepunkt
3. Wiederherstellung der Ordnung

Taufepisode:

1. Störung: Versehen, weil der Taufname der Gotte nicht mitgeteilt wird
2. Gipfel- und Wendepunkt: Taufe und Namengebung durch den Pfarrer
3. Wiederherstellung: Erleichterung der Gotte, Gelächter

Erste Spinnenepisode:

1. Störung: Vermessenheit von Stoffelns und Christines, Feigheit der Dorfleute
2. Gipfel- und Wendepunkt: Kampf des Priesters mit Teufel, Christine und Spinne
3. Wiederherstellung: Bannung der Spinne durch fromme junge Frau

Zweite Spinnenepisode:

1. Störung: Vermessenheit der Meistersfrauen und des fremden Knechts
2. Gipfel- und Wendepunkt: Kampf Christens mit dem Teufel, der Spinne und dem wilden Weib
3. Wiederherstellung: Bannung der Spinne durch Christen

Die Übereinstimmung im formalen Ablauf macht den Kontrast zwischen der Tauf- und den beiden Spinnenepisoden deutlich, was deren Inhalte angeht:

In der Taufepisode	In den beiden Spinnenepisoden
Die Störung der Ordnung beruht auf einem Versehen und der übertriebenen Einhaltung der Regeln seitens der Patin. Die Aufgipfelung der Störung wirkt komisch, die erlösende Wende führt in „viel Lachen" (19).	Die Störung der Ordnung beruht auf der Vermessenheit und der wiederholten Verletzung der Regeln seitens der Herren wie ihrer Gefolgschaften. Die Aufgipfelung der Störung wirkt katastrophal, die Wende führt in nachdenklichen Ernst.

Dreigliedrig ist die Analogie der Episoden nur bezüglich ihres formalen Ablaufs, die Dreizahl bezüglich des Inhalts würde bedeuten, dass die Spinnenplage ein drittes Mal ausbräche. Diese Möglichkeit tritt nicht ein, weil die Bauern die Mahnung der Spinne beherzigen.
Die Taufepisode kann so als komisches Drama das ernste Drama der Spinnenplagen parodieren.

Der dreifache Rahmen

In den zwei äußeren (Sonne und Mond, Empfang und Verabschiedung) und vier inneren Rahmungen (Mahlzeiten) des obigen Schemas zeigen sich drei grundlegende Ordnungen:

1. die Ordnung der Natur	Glanz der Sonne (3, 20) und des Mondes (120/1)
2. die Ordnung der Gesellschaft	Durch die Empfangs- und die Abschiedsszenen wird die das Haus übergreifende Gesellschaft in den häuslichen Rahmen einbezogen und wieder aus ihm entlassen.
3. die Ordnung des Hauses	In der Taufe wie im Essen und Trinken stellen die Menschen Gemeinschaft her: untereinander, mit der Natur und mit Gott. In der Taufe bildet die Kirche den Rahmen, in den Mahlzeiten das Haus.

2.3.2 Strukturbildende Motive

Der Rahmen und der Kern: das Motiv der Taufe

Die Taufe ist „das essenzielle Zentrum der Novelle, und zwar im Rahmen ebenso wie in den Binnengeschichten“[53], denn

- sie ist der **Hauptanlass der Erzählung**, durch sie werden Tauffamilie und Taufgäste zur Erzählgemeinschaft vereinigt, sie bildet den Rahmen;
- sie steht im Unterschied zum Spinnen- und Fensterpfosten-Motiv **durchweg im Zentrum**, ist der Kern im ersten Teil der Rahmengeschichte und in den beiden Binnengeschichten;
- sie bildet in den drei Handlungen **das wesentliche Drama,** ist Konfliktkern, Aufgipfelung und Wendepunkt.

53 K. Zobel, S. 100 f.

a) Rahmengeschichte

Konfliktkern	Komischer innerer Konflikt der Gotte: Dilemma zwischen Vermeidung der Neugier und Versagen beim Taufakt.
Aufgipfelung	Gesteigerte Angst der Gotte vor der Regelverletzung bis zum Höhepunkt der Taufe.
Wende	Namengebung durch den Pfarrer, Erlösung der Gotte.

b) Erste Binnengeschichte

Konfliktkern	Im Pakt verlangt der Teufel „nicht viel mehr als ein ungetauftes Kind" (36). Dreimal muss bei neuen Geburten um eine Taufe gerungen werden.
Aufgipfelung	Steigerung von der ersten zur dritten Taufe: 1. Taufe: Einvernehmen Priester – Dorfleute – Christine. Die Taufe verläuft „ungestört". (58) 2. Taufe: Einvernehmen Priester – Dorfleute gegen Christine. Diese wehrt sich auf „das Äußerste" (63). 3. Taufe: Einvernehmen Dorfleute – Christine gegen den Priester. Dieser kämpft seinen „kühnsten Kampf" (78).

Wende	Dreimalige Wendung zum Schlimmeren: 1. Taufe: Spinne auf Christines Wange. 2. Taufe: Geburt vieler Spinnchen, Viehseuche. 3. Taufe: Verschmelzung von Christine und Spinne zur omnipräsenten Töterin in der Pest.

c) Zweite Binnengeschichte

Konfliktkern	Gegensatz von gottgefälliger Taufe durch den Priester und Hundstaufe durch den fremden Knecht sowie Wunsch des wilden Weibes nach bloßer Schutztaufe.
Aufgipfelung	Christen verlässt die eigenen Kinder, um das ungetaufte Kind zum Priester zu tragen.
Wende	Christen opfert sich wie der Priester für die Taufe. Diese ist für ihn die Wende zum Tode, für das Dorf die Wende zur Erlösung.

Die Taufe ist der Prüfstein echter christlicher Gesinnung im Unterschied zur Spinne im Fensterpfosten als dem Gradmesser des schlechten Gewissens:

- Im Kampf um ihren Vollzug scheiden sich die Geister radikal und endgültig.

- Dieser Kampf erfasst jeden, und derjenige, der meint, er könne sich darum drücken, hat schon Partei ergriffen.
- Wer sich nicht aktiv für die Taufe einsetzt, wird von Gott der Strafe ausgeliefert.
- Wer sich aktiv für die Taufe einsetzt, wird erlöst, selbst wenn er sich etwas lächerlich benimmt wie die Patin.

Der Kern: das Motiv der Spinne

Die Spinne ist das **Titel- und Kernmotiv** der ganzen Erzählung.
Als einzige Figur besitzt die Spinne durch alle drei Handlungen hindurch, über sechshundert Jahre hinweg, eine **Entwicklungsgeschichte mit mehreren Stationen**:

1. Zeugung durch den Teufelskuss
   Der Teufel dringt in Christine ein, „als ob von spitzigem Eisen aus Feuer durch Mark und Bein fahre" (45).
2. Geburt anlässlich der ersten Taufe
   Aus der brennenden Stelle wird allmählich eine „giftige Kreuzspinne" (61).
3. Gebärerin anlässlich der zweiten Taufe
   Sie bringt „schwarze Spinnchen" (64) hervor, ihr „ähnlich wie Kinder der Mutter" (65).
4. Verwandlung anlässlich der dritten Geburt
   Christine schrumpft mit der Spinne „zusammen" (79).
5. Todbringendes Wüten
   Die todbringende Spinne ist „nirgends und allenthalben" (84).
6. Bannung durch die fromme junge Frau
   Während 200 Jahren schnurrt die eingesperrte Spinne, wenn jemand ein schlechtes Gewissen hat.

7. Befreiung und erneutes Wüten
   „Aufgeschwollen im Gifte von Jahrhunderten" (107), tötet die Spinne noch „schneller, giftiger als das frühere Mal" (109).
8. Bannung durch Christen
   Während vierhundert Jahren bis in die Gegenwart bleibt die Spinne ruhig, wenn gottesfürchtige Leute in ihrer Nähe sind.

Während Jahrhunderten bleibt die eingesperrte Spinne vor allem ein **Gradmesser des schlechten Gewissens** der Leute in ihrer Nähe.

Der Rahmen: das Motiv des Fensterpfostens

Der Fensterpfosten ist

1. die Grenze zum Bösen	Die Respektierung der Grenze garantiert die Ordnung der Familie, der Gesellschaft und der Natur.
2. der Rahmen des Kernmotivs	Er schließt in sich das Kernmotiv der ganzen Erzählung: die schwarze Spinne.
3. das Band der Epochen	Er ragt aus der Vergangenheit des 13. über diejenige des 15. in die Gegenwart des 19. Jahrhunderts herein.
4. ein Beweisstück	„Alles ist kaum zu glauben, und etwas muss doch an der Sache sein, sonst wäre das alte Holz nicht da." (120)

In jeder der drei Handlungen bildet der Fensterpfosten auch eine Art ‚Falken', d. h. ein prägnantes Motiv, das einen zentralen Wendepunkt der Handlung anzeigt und verbildlicht:

In der Rahmengeschichte	**In den beiden Binnengeschichten**
führt er zweimal das Erzählen des Großvaters herbei, bildet also die Wende von der Rahmenhandlung zu den Binnenhandlungen (vgl. 25 f., 96).	ermöglicht er die Bannung der Spinne, d. h. das Ende der Spinnenplage und damit die abschließende Wende zurück zur Rahmengeschichte.

Der Fensterpfosten ist das **Scharnier zwischen der Rahmenhandlung und den beiden Binnenhandlungen**.

Kontrastbildende Motive: die Neugier, der Hausbau, das Essen

Die Neugier ist

harmlos, wenn die Patin sich überängstlich davor fürchtet, den Täufling „zeitlebens neugierig" (17) zu machen;

ergiebig, wenn der ältere Pate und eine der Frauen den Großvater zur Preisgabe des Familiengeheimnisses drängen;

gefährlich, wenn Christine wünscht, dass sie „einmal den Teufel gesehen und auch wüsste, was er für ein Aussehen hätte"

(38), und wenn der fremde Knecht sagt, „er mache den Zapfen los und wolle sehen, was drinnen sei" (105).

Der Hausbau ist

für den Vetter und eine der Frauen **etwas Wünschenswertes**, für den Großvater **„eine wüste Sache"** (26);

bei von Stoffeln und bei den hoffärtig gewordenen Bauern **Ausdruck der Vermessenheit**;

für die Nachkommen Christens **notwendig**, da „der Segen Gottes in Feldern und Matten" (119) im alten Haus keinen Platz mehr findet, und **rechtmäßig**, wenn sie „das alte Holz, worin die Spinne sei, den alten Sinn, der ins alte Holz die Spinne geschlossen" (119), bewahren.

Das Essen ist

im Tauffest viermal ein **Rahmen** für die drei Hauptepisoden und steht für die **Kommunion** der Menschen untereinander, mit der Natur und mit Gott;

bei von Stoffelns Empfang der Bauern **Ausdruck des Hohns**;

beim Festmahl der Dorfleute nach der Beendigung sowohl des Schattengangs wie der ersten Taufe und bei der Hauseinweihung der Mutter und der Frau Christens **Ausdruck sündhafter Blindheit**;

beim Tafeln der Ritter mit dem fremden Pfaffen und beim Weihnachtsfest von Christens Gesinde eine **Gotteslästerung**.

2.3.3 Das Erzählen

Die Einheit des Erzählverhaltens

Der Großvater wird zwar ausdrücklich als der Erzähler der Binnengeschichten in Szene gesetzt, aber sein Erzählverhalten stimmt mit demjenigen der Erzählinstanz in der Rahmengeschichte überein. Das **Erzählverhalten** ist beide Male **auktorial**, denn es

- unterstellt die **allwissende Kenntnis** der Vorgänge;
- vermittelt die **epische Gegenwärtigkeit** des Geschehens;
- ermöglicht den häufigen Einsatz des **Erzählkommentars**.

Allwissende Kenntnis zeigt sich unter anderem in der Innensicht auf das, was in den Figuren vorgeht.
Rahmenerzählung: „Da war's der Gotte, als ob nicht nur sämtliche Emmentalerberge ihr ab dem Herzen fielen, sondern Sonne, Mond und Sterne, und aus einem feurigen Ofen sie jemand trage in ein kühles Bad" (18 f.).

Binnenerzählung: „Da war es Christine, als ob plötzlich das Gesicht ihr platze, als ob glühende Kohlen geboren würden in demselben" (63).

Epische Gegenwärtigkeit zeigt sich unter anderem bei der Wiedergabe besonders dramatischer Szenen im Wechsel ins historische Präsens.
Rahmenerzählung: „Auf einmal ist's, als ob jemand die starke Gotte an den Zöpfen halte oder sie vor den Kopf schlage, sie prallt ordentlich zurück" (15).
Binnenerzählung: „Als sie aber hinauskamen vor das Dorf, wo ins Tal hinunter der Stalden sich senkt, da steht der Priester plötzlich still und schirmt mit der Hand die Augen." (77/78)

Der Erzählkommentar spricht im Präsens allgemeine Welt- und Menschenkenntnis sowie damit verbundene Überzeugungen an.
Rahmenerzählung: „[...] wenn einmal eine Sache unsere Seele recht berührt hat, so kommt dieselbe nicht so schnell davon los." (96)
Binnenerzählung: „[...] da stiegen allmählich Gedanken auf, die den Menschen, der in der Not ist, so gerne um seine Seele bringen." (47)

Das einheitliche Erzählverhalten verstärkt im Verein mit den schon genannten erzählerischen Mitteln die Verbindung von Rahmengeschichte und Binnengeschichten.

Der Rahmen schafft nicht eine größere Distanzierung des Lesers vom erzählten Geschehen, sondern aktualisiert „den in zeitlicher Ferne liegenden Vorgang und hebt die Distanz des Lesers zu den Binnengeschichten auf."[54]

54 Ebd., S. 142, Anm. 1

Paradoxerweise stellt der Großvater die Distanz gerade dort her, wo er seinen Zuhörern durch aktualisierend gemeinte Erzählkommentare die zeitliche Ferne des Erzählten in Erinnerung ruft (vgl. z. B. 108 f. über das „arme Bübchen").

Die Problematisierung des Erzählens

Die beiden Großeltern vertreten zwei einander diametral entgegengesetzte Auffassungen über den Umgang mit der Spinne im Fensterpfosten:

Die Großmutter	**Der Großvater**
will das Böse tabuisieren, d. h. den Fensterpfosten geschlossen halten und über das schweigen, was er enthält.	will das Böse denunzieren, d. h. den Fensterpfosten zwar geschlossen halten, aber erzählend zeigen, was er enthält.

Der Großvater ist nicht von Anfang an der gleichen Meinung:

Am Anfang
sträubt er sich und möchte, das, „was er erzähle, bliebe unter ihnen und käme nicht weiter." (27)

In der Mitte
ist er der Meinung, an der Geschichte könne „sich vielleicht in der heutigen Zeit jemand ein Exempel nehmen" (96).

Zum Schluss
meint er, „recht sei es nicht, ein Geheimnis mit dem zu machen, was Glück und Gottes Segen bringt." (118 f.)

Gegenüber seinen ursprünglichen „Schneckentänzen" vollzieht der Großvater einen Meinungswechsel um 180°! Er verändert sich als Erzähler, durchs Erzählen.

Die Darstellung des Tauffestes weist also zwei wesentliche Merkmale der klassischen Rahmenhandlung auf: Sie

- setzt die **Ursituation allen Erzählens** in Szene, lässt einen mündlichen Erzähler als Vermittler zwischen den darzustellenden Vorgängen und Zuhörern auftreten;
- baut diese Ursituation zur **sich selbst reflektierenden Kunstform** aus, indem sie das Erzählen selbst zur Diskussion stellt.

Mehrere **Rezeptionsweisen** werden erwogen:

- Der Großvater meint, es könne „sich vielleicht in der heutigen Zeit jemand ein Exempel daran nehmen" (96).
- Der jüngere Götti betont, man könne „viel daraus lernen" und dazu habe man „noch kurze Zeit gehabt" (120).

2.4 Personenkonstellation und Charakteristiken

2.4.1 Rahmengeschichte

Großvater **Großmutter**

Vater (Benz) Mutter

Täufling (Hans Uli)

Pfarrer

jüngerer Götti (Hans Uli) **Gotte**

älterer Götti (Vetter) **Hebamme/Köchin**

Knechte Bube Jungfrau Mägde

Die Namen der wichtigsten Figuren der Rahmengeschichte sind fett geschrieben. Die folgenden Charakterisierungen betreffen nur sie.
Der Täufling, seine Mutter und sein Vater Benz sind nur im ersten Teil der Rahmengeschichte wichtig und verschwinden danach ganz aus dem Blickfeld.

Großvater

alt	Im „fünfundsiebenzigsten Jahre" (14), geht „langsam und gebeugt an einem Hakenstock" (5).

geachtet	Gibt mit dem Stecken stumme Befehle. Seine Weisung, Weinwarm aufzutragen und zu Fuß zur Kirche zu gehen, wird befolgt.
erzählfreudig	Erzählt von seiner eigenen Taufe, hält „wie alte Leute meist gewohnt sind, seinen Gegenstand fest" (15).
lebensklug	Beweist in Erzählkommentaren und weiteren Äußerungen breite Geschichts- und Menschenkenntnis, Glaubens- und Bibelfestigkeit, sicheres Urteil, Nachdenklichkeit.
bescheiden	Rückt nicht sich ins Zentrum, sondern die Sache, um die es geht, kann danach wieder schweigen.
dynamisch	Gibt das Familiengeheimnis unter Druck von außen preis, ändert dabei seine Meinung über den Schaden bzw. Nutzen dieser Preisgabe.

Großmutter

vorbildlich als Bäuerin	Beim Brotabschneiden sparsam und freigiebig zugleich (Täubchen).
konservativ	Erinnert an bessere Sitten „ehemals" (8), ist durchweg nicht damit einverstanden, dass der Großvater das Familiengeheimnis preisgibt.
selbstständig	Bemerkt spitz, die Gäste sollten nichts mehr sagen, „sonst fange ihr Alter ihnen eine neue Geschichte an" (120).

Gotte

rollenbewusst	Versucht allen Ansprüchen an eine Gotte und junge Frau zu entsprechen: Großzügigkeit im Geben (8), Bescheidenheit im Nehmen (9–13), schöne Kleidung (11), starke Arme (14, 15), Angst vor möglichen Regelverletzungen (17–18).
humorvoll	Kann über die ausgestandenen Ängste lachen (19).
selbstbewusst	Tritt den beiden Paten resolut entgegen, stellt sich als ideale Bauersfrau hin (15, 23 f.) und geht zum Gegenangriff über.
treibt Handlung voran	Ist entgegen dem anfänglich über sie geäußerten Vorurteil immer die Erste: als die Gesellschaft sich unter den Baum setzt (25), als die erste Spinnenerzählung zu Ende ist (92), als eine Fliege über den Zapfen läuft (95 f.) und als es in der Nacht darum geht aufzubrechen (121).

Älterer Götti und Vetter

bescheiden	Obgleich wohlhabend, erscheint er als „ein kleines unscheinbares Männchen in geringen Kleidern" (22 f.).
gesprächig	Macht Späße, äußert zu allem seine Meinung, stellt Fragen.
kritisch gegen Frauen	Kritisiert das jüngere „Weibervolk", das „nur Narrenwerk und Hoffart im Kopf" (23) habe, warnt vor Ehefrauen, die zum „Hausnarr" oder „Hausteufel" (23) werden könnten.

treibt Handlung voran	Schlägt vor, „etwas vom Tische weg" (24) zu gehen, fragt nach dem Hausbau, nach dem Familiengeheimnis, nach der Fortsetzung.
aktiv als Zuhörer	Würdigt als aktivster Zuhörer zwei Qualitäten der Erzählung: ihre Kurzweil (96) und ihre Mischung aus wahren und erfundenen Elementen (120).

Hebamme und Köchin

kraftvoll	Eine „stattliche Frau" (5).
energisch	Bewältigt die große Arbeit des Kochens und Auftragens, kümmert sich um den Täufling, drängt den anderen gegenüber mehrmals auf den Zeitplan. (8, 10, 92)
steht unter Hochdruck	Glüht beim ersten Auftragen „wie einer der drei aus dem feurigen Ofen" (19), hat nach der ersten Erzählung eine brennendes Gesicht, „als ob die Spinne auf demselben herumgekrochen wäre" (92), gerät so in die Nähe Christines.

2.4.2 Die erste Binnengeschichte

Hans von Stoffeln
Komtur in Sumiswald

junger Polenritter — ferner Pfaffe

Ritter

Dorfleute

Hans, Mann der frommen jungen Frau

Christines Mann, Hornbachbauer

Christine — Mutter des 1. Kindes

Mutter des 2. Kindes

fromme junge Frau, 3. Kind

Bübchen, Mädchen

Schwiegermutter

Teufel/„der Grüne" — **Priester** — Sigrist

Die Namen der wichtigsten Figuren der ersten Binnengeschichte sind fett geschrieben. Die folgenden Charakterisierungen betreffen nur sie.

Hans von Stoffeln

tyrannisch	Geht mit seinen Untertanen um, „als ob kein Gott im Himmel wäre" (28 f.).
vermessen	Das dreimalige „sollt" (32) seines Befehls zum Bau eines Schattengangs gleicht der Sprache Gottes bei der Verkündigung seiner Gebote[55], das überschreitet die menschlichen Grenzen.
charakterschwach	Will den Schattengang nur, weil die Ritter über sein „neues Schloss auf dem nackten Gipfel" (39) gelacht haben.
ständisch borniert	Meint, „Gott werde einen Unterschied zu machen wissen zwischen einem Ritter und einem Bauer, hätte er sie doch sonst nicht so verschieden erschaffen." (85)

Hans, Mann der frommen jungen Frau

vertritt die Dorfleute	Steht als Schwager Christines zwischen dieser und seiner Frau, also wie die Dorfleute zwischen dem Bösen und dem Guten.
feige	Denkt, „es möge nun gehen, wie es wolle, so hätte er an der ganzen Sache keine Schuld, sobald er nicht mit selbsteigenen Händen dabei tätig sei." (70)
fürchtet um Besitz	Sorgt sich vor allem „um sein Vieh und gedachte so wenig des armen Weibes Angst!" (69)
anpasserisch	Kennt nur „die Furcht vor den Menschen, die Furcht vor dem Teufel und die Liebe zu dem, was dieser ihm nehmen konnte". (74)

55 Vgl. 2. Buch Mose, 40, 2–15

Christine

energisch, furchtlos	Fürchtet sich „nicht viel vor Gott und Menschen“ (37), verachtet die feigen und mutlosen Männer
vermessen	Ist „von Natur ein vermessen Weib“ (60), versucht alle vorgegebenen Schranken zu überschreiten, will sich z. B. nicht auf „Haus und Kind“ (40) beschränken.
als Fremde verfehmt	Wurde vom Hornbachbauern von einem Feldzug heimgebracht und als Fremde „übel geplaget im Tale“. (49)
rachsüchtig	Gibt den Dorfleuten die Demütigungen zurück und rächt sich vor allem an ihrem Mann, „an ihm hatte sie ihren grässlichsten Zorn ausgelassen, das grässlichste Wiedersehen dem Ehemanne bereitet.“ (89)
wird zum Ungeheuer	Verwandelt sich durch den Teufelskuss allmählich zum Ungeheuer und schließlich zur Spinne selbst.

Fromme junge Frau

fromm	Ist mit der alten Frau die Einzige, die die Hilfe des Teufels nicht annehmen will.
passiv	Weint, aber „sagen tat es nichts“. (50)
isoliert	Gegen die „unheimliche Macht“ (69) der mit Christine und dem Teufel verschworenen Dorfleute hat sie nur ihre Schwiegermutter, „ein klein Bübchen“ (71) und den Priester zur Seite.

hilflos	Bleibt bei der Geburt ganz den andern ausgeliefert: Christine, die ihr das Neugeborene entreißt, und dem Priester, der ihr mit dem Kind „auch das Leben zurück" (79) bringt.
dynamisch	Überwindet ihre Ohnmacht und macht die Spinne unschädlich, indem sie sich selbst opfert und ihre Kinder rettet.

Teufel/„der Grüne"

falsch	Zeigt sich als grüner Jägersmann, heißt deshalb „der Grüne". Nur Gesicht und Hände, teuflisch schwarz, kann er nicht verbergen. Weitere Merkmale sind „eine rote Feder" auf dem „kecken Barett" (33) und das flammende rote Bärtchen.
verführerisch	Will, dass die Menschen klagen, bietet „ganz holdselig und mild" (34) seine Unterstützung „zu schwerer Rache gegen die Tyrannei" (35 f.) an, schmeichelt Christine durch „ein zärtlich Gesicht" (42) und „mit höflicher Gebärde" (42).
unerbittlich	Lässt über die Gegenleistung des ungetauften Kindes nicht mit sich verhandeln, zeigt im Weiteren, dass, „wer ihm ein Ohr leihe, bald den ganzen Kopf ihm geben müsse" (47).
leicht zu verjagen	Die drei höchsten heiligen Namen, das Kreuz und Weihwasser genügen, da „fährt mit fürchterlichem Wehegeheul der Grüne von dannen" (78).

Priester

fromm, furchtlos	Ist „ein gar frommer Mann, selbst die Ritter des Schlosses trieben keinen Kurzweil mit ihm, er aber sagte ihnen die Wahrheit." (57)
isoliert	Bleibt abwesend, als die Dorfleute unter von Stoffeln leiden. Nach dem Teufelspakt weichen sie ihm aus, „niemand hatte ihm Rede gestanden." (57)
missverstanden	Seine Mahnungen werden nicht erhört, die Dorfleute sehen ihn nur als Mittel, den Teufel zu überlisten.
selbstlos, kühn	Ist ohne Gegenleistung bereit, „zu kämpfen als treuer Hirt für die anvertraute Herde" (59), es mit dem Teufel aufzunehmen und dabei zu sterben.

2.4.3 Die zweite Binnengeschichte

Christens Mutter Christens Frau

Christen

wildes Weib

Teufel Kind

Priester

Bübchen

Knechte **fremder Knecht** Mägde

Die Spinne, der Teufel und ein Priester treten zwar auch in der zweiten Binnengeschichte wieder auf, gewinnen aber keine neuen Qualitäten. „Aufgeschwollen im Gifte von Jahrhunderten" (107), ist die Spinne nun „schneller, giftiger als das frühere Mal" (109), vom Teufel zeigt sich nur „rot ein Federbusch" (114), als Christen ein ungetauftes Kind dem Priester entgegenbringt, und dieser will wieder „wohl gerüstet und mutvoll dem gleichen Kampfe entgegengehen […], in dem sein Vorgänger siegreich das Leben gelassen" (115), aber „den Kampf hatte schon ein anderer bestanden." (116)

Christens Mutter

vermessen	Hat den Wahn, „dass man seine Gelüsten für Weisheit hält und diese Weisheit höher als Gottes Weisheit." (100)
tyrannisch	Meistert mit ihrer Schwiegertochter ihren Sohn Christen und verletzt „in hoffärtiger Ungeduld" (102) die Rechte von Gesinde und Vieh.
hochmütig, hoffärtig	Feiert trotz Warnzeichen die Haus-Einweihung, führt ein üppiges Leben.

Christen

gutmütig	Ist „freundlich mit Mensch und Vieh" (101), fügt sich ganz seiner Mutter und seiner Frau.
willensschwach	„Sein Wille lag gebunden in seiner Weiber Willen" (111).
einsichtig	„Er ward es inne, dass er gut machen müsse, was er gefehlt" (111).

opferbereit, mutig	Aus Sühnebereitschaft entsteht „der standhafte Mut“ (111), drei Kämpfe zu bestehen: gegen Teufel und Spinne (wie der Priester), gegen die Spinne (wie die fromme junge Frau) und zudem gegen das wilde Weib.

Wildes Weib

gottlos, rachsüchtig	Hat „kein Gottvertrauen, desto mehr Hass und Rache im Herzen“ (112).
wie Christine, Spinne	Kommt Christen vor wie „Christine in ihrer ursprünglichen Gestalt“ (113), ihre Augen sind „stechend und wild, giftig [...], als trete die Spinne aus ihnen heraus, als sei sie es selbst.“ (113)

Fremder Knecht

unheimlich	Lässt nicht erkennen, woher er kommt, kann „sanft tun wie ein Lamm und reißend wie ein Wolf“ (105).
geltungssüchtig	Will die Mägde beeindrucken.
lästert Gott	Spottet am Weihnachtsabend „des Priesters, teilte das Brot aus, trank seinen Wein, als ob er die Messe verwaltete, taufte den Hund hinter dem Ofen“ (107).
ähnelt dem Teufel	Hat ungleiche Augen, rötlich schimmernde Haare, lacht „wie der Teufel selbst“ (107), als er die Spinne befreit.

Gotthelfs dynamisches Menschenbild

Die wichtigsten Figuren sind **mehrschichtig** und erfahren als **soziale Wesen** in der Auseinandersetzung mit ihrer Umgebung **eine gewisse Entwicklung**:

positiv	der Großvater, die fromme junge Frau, Christen;
negativ	von Stoffeln, Christine.

2.5 Sachliche und sprachliche Erläuterungen

Die folgenden Erläuterungen gelten nur Ausdrücken und Stellen, die nicht an Hand eines deutschen Universal-Wörterbuchs zu klären sind. Der gleiche Ausdruck wird immer nur einmal erläutert. Die Seiten- und Zeilenangaben beziehen sich auf die Reclam Taschenbuch-Ausgabe Nr. 6489. Die erste Ziffer nennt die Seite, die zweite die Zeile.

4, 5 f.	**Es war der Tag [...] zum Vater gegangen war**: Christi Himmelfahrt, 40. Tag nach Ostern.
4, 6 ff.	**zum Zeugnis [...] niedersteigen**: Jakobsleiter, 1. Buch Mos. 28,10–22.
4, 31	**rotbrächten**: rotwangigen
6, 15	**Kachelbank**: Geschirrgestell
7, 2	**Buffert**: Geschirrschrank
7, 11	**Maad**: gemähtes Gras
7, 23	**Habküchlein**: Hefegebäck
7, 24	**Nidel**: Sahne, Rahm (vgl. 10, 21 **Nidle**)
8, 10	**Wägeli**: kleiner Wagen
8, 15	**Göttene**: die Paten
8, 30	**Wartsäcklein**: Handtäschchen
8, 31	**Züpfe**: Backwerk in Zopf-Form
9, 5	**Drucke**: Schachtel
10, 32	**versorgete**: trank aus
11, 3	**zweg**: bereit
11, 11	**Gattung**: Umgangsform, Anstand
11, 12	**verköstigen**: in Unkosten stürzen
11, 15 f.	**verbeiständet**: unterstützt
12, 7	**Kindbettimann**: Vater des Täuflings
12, 10	**zwölfmäßigen**: zwölf Mäß haltend, 1 (Bern-) Mäß = 14,01 l

12, 14	**Kindbetti**: Taufschmaus
13, 4	**Dachbettlein**: kleines Federbett
13, 26	**pressierten**: beeilten sich
15, 3	**anwenden**: sich anstrengen
15, 12	**Bysluft**: Nordostwind
17, 22	**im Verschuss**: aus Versehen
17, 30	**angerebelt**: angeschnauzt
19, 1 f.	**aus einem feurigen Ofen**: vgl. 19, 27 f.
19, 27 f.	**einer der drei aus dem feurigen Ofen**: humoristische Anspielung auf die drei Männer im Feuerofen, Daniel 3
20, 14	**die Knechte im Evangelium**: humoristische Anspielung auf das Gleichnis vom Hochzeitsmahl, Matth. 22, 3–10
20, 19	**fürfahren**: fortfahren
22, 18	**Schlärpli**: unnütze, schwächliche Person
22, 22	**Händschli**: kleine Handschuhe
22, 23	**Pantöffeli**: kleine Pantoffeln
22, 27	**austubaket**: nichts mehr zu machen
23, 9	**ziehen auf**: richten sich ein
23, 26 f.	**tue ich [...] durch**: übertreffe ich
24, 1 f.	**Tubaken**: Pfeife rauchen
24, 4	**Kegelten**: Kegelfest
	Schiesseten: Schützenfest
24, 9	**verredet**: verschwört
24, 27 f.	**einredeten**: Einspruch erhoben, widersprachen
25, 2	**handlicher**: rascher, leichter
26, 16	**Bystel**: Fenster- oder Türpfosten
26, 27	**gsinnet**: überlegt
26, 32	**Schneckentänze**: Ausflüchte
27, 4	**zweghaben**: bereit sind mit

28, 21 f.	**die Teutschen**: deutscher Ritterorden, ab 1190 Bruderschaft, ab 1198 Ritterorden, ab 1225 Ordenshaus Sumiswald
29, 11	**Hans von Stoffeln**: 1512–1527 letzter Komtur in Sumiswald, kein Tyrann
31, 22 f.	**Bernmäß**: vgl. 12,10
34, 10	**spretzeln**: prasseln, sprühen
35, 23	**abgekarrten**: erschöpften
36, 3	**Kilchstalden**: Kirchweg am Abhang
39, 27	**stättiger**: störrischer, bockiger
42, 15	**zwitzerte**: glitzerte, schimmerte
44, 18	**Stündigung**: Stundung, Aufschub
45, 3 f.	**vermöchte sie sich dessen nicht**: könnte sie nichts dafür
46, 32	**einzog**: einrenkte
48, 9	**kuraschiertes**: mutiges
49, 26	**Abrede**: Vereinbarung
51, 3	**die Heere der wilden Jäger**: Geisterheere
51, 4	**Posten**: Pfosten
51, 19	**Grüne**: kleiner Nebenfluss der Emme
52, 16	**Spule**: Rolle, durch die die Achse führt
52, 24	**Pacht**: Pakt, Vertrag
54, 14	**Egg**: lang gezogener Höhenrücken
54, 26	**wohlete**: wurde wohler, ging besser
55, 1 f.	**Urbanustage**: 25. Mai. Urbanus ist der Patron der Winzer
55, 11	**Beize**: Köder, Falle
58, 7 f.	**es werde keiner gekrönt, er kämpfe denn recht**: 2. Timotheusbrief 2, 5
62, 4	**Malzeichen**: Fleck, Muttermal
62, 17	**Wirbelsinnigen**: halb Wahnsinnigen
62, 27 f.	**Lösung**: Erlösung

63, 32	**gramselten**: krabbelten, wimmelten
65, 22	**Diele**: Zimmerdecke
68, 32	**ihns**: es
70, 7	**sonder Fehl**: ohne es zu verfehlen
74, 20	**auf**: nach
77, 2 f.	**zur letzten Posaune [...] verkündet**: vgl. Offenb. 11, 15. Das Bild verweist auf den biblischen Hintergrund des Kampfes um die dritte Taufe: Offenb. 12 zeigt ein Neugeborenes, das ein Drache verschlingen möchte; dazu kommt es nicht, weil es zu Gott entrückt wird.
77, 27	**das Heiligste**: geweihte Hostie in der Monstranz
78, 30	**Kalch**: Kalk
83, 10	**das gespenstige Wild vor der wilden Jagd**: Spuk des Geisterheers (vgl. 51, 3)
84, 2	**gesprengt**: überwunden
86, 15 f.	**stunden ihm**: blieben bei seinem Anblick stehen und warteten
88, 26	**zentnerige**: zentnerschwere
90, 28	**das Fleisch stärker als der Geist**: vgl. Matthäus 26, 41
93, 16	**Küchlene**: in Butter gebackene Küchlein
94, 27 f.	**Gefährde**: Gefährdung, Gefahr
94, 31	**anlässt**: einlässt
97, 17 f.	**bauten [...] den Hof**: betrieben den Hof, bebauten das Land
99, 2	**nöter**: nötiger
99, 15	**wie dem Jonas seine Schattenstaude**: vgl. Jona 4, 6–7
99, 24	**bläht**: aufblähen, überheblich machen
99, 27 ff.	**wie die Israeliten [...] ihn vergaßen**: vgl. 2. Buch Mose 32

101, 32	**vermachte**: zumachte, verschloss
103, 7	**Hausräuki**: Fest(essen) zur Einweihung eines neuen Hauses
104, 15	**trieb**: schleuderte
105, 21	**auswolle**: hinaus wolle
105, 29	**Augenhaar**: Augenbrauen
106, 5	**wies er [...] auf**: wiegelte auf, verhetzte
116, 18	**Kilchgang**: Kirchgang
117, 11	**Gräbt**: Leichenmahl
118, 12	**stürmten**: schwatzten unbedacht, zusammenhanglos
119, 15	**Haslebach**: Ort in der Nähe von Lützelflüh
121, 6	**Brusttuch**: Tuch, das den Miederausschnitt der Volkstracht ausfüllt

2.6 Stil und Sprache

Wie in der Erzählweise stimmen die Rahmengeschichte und die beiden Binnengeschichten auch sprachlich miteinander überein.

2.6.1 Der hohe Stil

Gotthelf verwendet eine Vielzahl von Mitteln des hohen Stils.

Stilmittel	Erklärung	Textbeleg
Epitheton ornans	schmückende Beifügung	„Ein **reges** Leben bewegte sich um das **schöne** Haus. In des Brunnens Nähe wurden mit **besonderer** Sorgfalt Pferde gestriegelt, **stattliche** Mütter, umgaukelt von **lustigen** Füllen" (4).
Rhythmisierung	regelmäßige Silbenfolge v – v – v – / v – v – v –	„Zuerst ins Auge fiel das schöne, neue Haus;
Inversion	Wortumstellung	über dasselbe **weg** konnten die Blicke **schweifen** an den jenseitigen Talesrand,
Klimax	Wortwiederholung mit Steigerung	**über** manchen schönen, reichen Hof und weiterhin **über** grüne Hügel und dunkle Täler weg." (25)

Antithese	Entgegenstellung	„**Freilich** hatten sie von den gegenwärtigen Bewohnern des Schlosses noch **nichts Gutes** genossen, **sondern lauter Mutwillen und Härte**, **aber** es dünkte sie billig, dass die Herren ihnen etwas täten für den unerhörten Frondienst" (30 f.).
Hyperbolik	Übertreibung	„Blass und zitternd an der Seele und an **allen** Gliedern stäubten die Männer nach Hause; **keiner** sah nach dem andern sich um, **keiner** hätte den Hals gedreht, **nicht um alle Güter der Welt**." (37)
Dreizahl	abrundende Zahl (vgl. Bibel, Mythen, Märchen)	„Darum **fluchte** er, darum **lachten** die Ritter und **weinen** taten die Bauren." (40)
Comparatio und Amplificatio	Vergleich und Vergrößerung	„Verschwunden war der Grüne, und Christine stund **wie versteinert**, **als ob tief in den Boden hinein** unter ihre Füße **Wurzeln getrieben hätten** in jenem schrecklichen Augenblick." (45)
Metapher	ein Wort als Bildspender für ein anderes („Sturm" für „heftige Bewegung")	„Da **brach der Sturm** der Neugierde **aus**" (48).

Personifizierung	Vermenschlichung	„[...] und **die Sonne**, welche das Tal **so fröhlich** verlassen, **sah in entsetzlichem Jammer hinein**." (65)
Allegorisierung	ein Begriff wird lebendig	„Da ging alles Hoffen aus, und **Verzweiflung** füllte das Tal, **saß auf den Bergen**." (88 f.)
Sentenz	verallgemeinernde, sinnspruchartige Aussage im Präsens	„Wo viel Geld oder viel Hoffart **ist**, da **fängt** das Bauen an" (100).

2.6.2 Anklänge an die Bibel

Dass die Sprache des schriftstellernden Pfarrers Gotthelf in Verweisen, Zitaten und Nachbildungen viele Anklänge an die Bibel enthält, verwundert nicht.

Verweis auf die Bibel

a) mit humoristischer Wirkung, aufgrund der großen Diskrepanz

„die schon früher nach ihnen gesandten Boten brachten wie die Knechte im Evangelium allerlei Bescheid." (20)	Matthäus 22: Im Gleichnis vom Hochzeitsmahl geht es ums Himmelreich, hier nur ums Essen.

b) mit tieferer Bedeutung, auf Grund weitergehender Entsprechung

„Es sauste und brauste und tosete, als sollten diese Töne zusammenschmelzen zur letzten Posaune, die der Welten Untergang verkündet." (77)	Offenbarung 11, 15: Die letzte, siebte Posaune verkündet das Strafgericht Gottes, das Unwetter in der *Schwarzen Spinne* nimmt Züge der Apokalypse an.
Nach dem Unwetter rettet der Priester das Kind aus den Fängen Christines und tauft es. Danach „hütete es Gott, in dessen Gewalt jetzt seine Seele übergeben worden" (80).	Nach der letzten Posaune ist von einem schwangeren Weib die Rede, dessen Kind einem Drachen entkommt, indem es „zu Gott und seinem Stuhl" entrückt wird. (Offenbarung 12, 4–5)

Zitat

„[...] weil sie wohl wissen, es werde keiner gekrönet, **er kämpfe dann recht**." (58)	2. Timotheusbrief 2, 5 „Und so jemand auch kämpft, wird er doch nicht gekrönt, **er kämpfe denn recht**."

Nachbildung

a) bloß formale Analogie „**Als** sie **aber** hinauskamen vor das Dorf" (77)	Matthäus 21, 18: „**Als** er **aber** des Morgens wieder in die Stadt ging"
b) formale und inhaltliche Analogie „In der Zeit eines Monats **sollt** ihr mir einen pflanzen, **sollt** hundert ausgewachsene Buchen nehmen aus dem Münneberg mit Ästen und **sollt** sie mir pflanzen auf Bärhegen" (32).	2. Mose 40, 2–15: „Du **sollst** die Wohnung der Hütte des Stifts aufrichten am ersten Tag des ersten Monats, und **sollst** darein setzen die Lade des Zeugnisses, und vor die Lade den Vorhang hängen, und **sollst** den Tisch darbringen."

Daran, dass von Stoffelns Befehle wie unwiderrufliche Gebote Gottes formuliert sind, zeigt sich seine Vermessenheit.	Gott erteilt seine Anweisungen als unwiderrufliche Gebote, weil sie die Einrichtung der höchsten Heiligtümer betreffen.

2.6.3 Präsenz der Berner Mundart

Wie im übrigen Werk Gotthelfs gibt es auch in der *Schwarzen Spinne* zahlreiche Anklänge an die Berner Mundart.

a) Wörter, die in der Lautung oder Wortbildung als berndeutsch erkennbar sind:

Gottwillchen (9)	in Gott willkommen
Kacheli (10)	irdene Tasse ohne Henkel
Nidle (10)	Sahne, Rahm

b) Wörter, die in Lautung und Wortbildung im Standarddeutschen vorkommen könnten oder gar vorkommen, dort aber nicht die gleiche Bedeutung haben:

grausam (8)	sehr, überaus
Gattung (11)	Umgangsform, Anstand
pressieren (13)	sich beeilen

Für die starke Präsenz des Berndeutschen in Gotthelfs Werk gibt es vier Hauptgründe:

1. Als Rhetoriker setzt Gotthelf die berndeutschen Einsprengsel wie **verba inusita** (ungebräuchliche Wörter) des Redeschmucks ein, um sich von anderen Schriftstellern abzuheben.
2. Als Gegner des Rationalismus verteidigt er den Reichtum der herkömmlichen Volkssprache gegen eine normierte, nivellierte Standardsprache.

3. Als Vertreter des bernischen, ja emmentalischen Partikularismus wendet er den sprachlichen Besonderheiten seiner Umgebung ebenso große Beachtung zu wie deren eigentümlichen Bräuchen, Einrichtungen und Gegenständen. Er bewahrt berndeutsche Wörter so, wie er beschreibt, was ein Weinwarm ist (11/2), oder wie die Bauern ihre Löffel beim Essen am Tischtuch abwischen (21).
4. Gotthelf ist ein schneller Schreiber. „Sein Redestrom ist die Unbewusstheit selber: kein Zeugnis besonnenen Suchens und Verbesserns, sondern eines unlenkbaren Ergusses."[56] Deshalb finden sich auch Wortformen, die wahrscheinlich der Unachtsamkeit entspringen, so z. B. wenn es heißt, die Sonne stehe „überem Mittag" (20) statt „über dem Mittag", was rhythmisch keine Änderung bedeuten würde. Die Grundschicht seines Schreibens bleibt die berndeutsche Sprache, in der er lebt.

56 W. Muschg (1931/1967), S. 458

2.7 Interpretationsansätze

Drei Ansätze zur Interpretation haben sich als fruchtbar erwiesen und fordern zur Auseinandersetzung heraus.

2.7.1 Der gattungsgeschichtliche Ansatz

Benno von Wiese und Josef Kunz interpretieren *Die schwarze Spinne* in ihren historischen Darstellungen der deutschen Novelle.

Benno von Wiese bezieht seine Interpretation auf grundlegende Merkmale der Novelle.[57]

Merkmale der Novelle	Interpretation
Verbindung von Rahmenerzählung und Binnenerzählungen	Die „geschichtlich gewordene Welt des Menschen [wird] mit der überzeitlichen, der schwarzen Spinne" vereinigt. (195)
Unerhörte Begebenheit	„[...] die Begebenheit von der schwarzen Spinne ist zu allen Zeiten die gleiche, aber ihr Einbruch in die geordnete, auf Gott bezogene Welt des Menschen vollzieht sich stets unter neuen konkreten Bedingungen." (194)

57 Alle auf von Wieses Interpretation bezogenen Zitate stammen aus B. von Wiese, S. 194 f. Bis zur nächsten Fußnote erfolgen die Seitenangaben zu den Zitaten aus dieser Ausgabe durch Klammerverweise im Text.

Dingsymbol: Verleiht dem Besonderen allgemeine Bedeutung durch bildhafte Verdichtung	Das Dingsymbol des schwarzen Holzes, in dem die Spinne sitzt, vereinigt a) das zeitlos mythische Symbol der Spinne b) das kulturell-geschichtliche Symbol des Hauses und verknüpft Rahmenerzählung und Binnenerzählungen.
Pointierende Darstellung und Nähe zum Drama durch Hervorhebung von Höhe- und Wendepunkten	Folge von sich steigernden Höhepunkten 1. Binnengeschichte: Hochzeitsnacht mit Teufelskuss Geburt der Spinnchen Kampf des Priesters Märtyrertat der liebenden Mutter 2. Binnengeschichte: Ausbruch der Spinne durch menschliche Mitwirkung Märtyrertat Christens „Die ins Groteske verzerrte Welt kann nur durch dreifache Opfertat – durch Priester, Mutter, Vater – in ihre geschöpfliche, Gott unterworfene Ordnung zurückgeholt werden." (195)

Von Wiese zeigt auch auf, wie Gotthelf verschiedene andere Gattungen in den Dienst der Novelle stellt:
Die Idylle, das Bild friedvoll-glücklicher Einheit von Mensch und Natur; zu Beginn der Rahmengeschichte.
Die Sage, die volkstümliche Geschichte, die auf mündlicher Überlieferung beruht und wie die Novelle Wunderbares und Realitätsbezug miteinander verbindet; in den Binnengeschichten.
Der Mythos, die Darstellung von überzeitlichen und übermenschlichen Phänomenen; im Auftreten der Spinne.
Die Legende, die Darstellung eines selbstlosen, opferreichen Verhaltens; im Auftreten des Priesters, der frommen jungen Frau und Christens.

Die novellenhafte Zuspitzung ergibt sich vor allem durch das Zusammentreffen von Mythos und Legende im Kampf des Priesters, der frommen Frau und Christens mit der Spinne.

(Als weitere Gattung, auf die der Text sogar ausdrücklich verweist (*Spinne,* 96), wäre noch **das Exempel** zu nennen, die beispielhafte Geschichte, die modellhaft bestimmte Verhaltensweisen veranschaulicht. Mit dieser Gattung ist der gesellschaftliche Charakter der Novelle angesprochen: Die Gesellschaft besinnt sich im Erzählen von Geschichten auf sich selbst.)

Zusammenfassung der Interpretation von Wieses:

> *„Gotthelfs Erzählung ‚Die schwarze Spinne' gestaltet als Novelle* ***eine mythische Begebenheit****, die jeweils ihren legendären Wendepunkt hat, an dem durch die freie Opfertat des Menschen eine wiederhergestellte, Gott unterworfene geschichtliche Welt sich von neuem entfalten kann."* (195)

Josef Kunz bewundert *Die schwarze Spinne* ebenfalls für die Konsequenz, mit der sie „aus einem bestimmten Symbol- und Bildzusammenhang entfaltet wird."[58] Den entscheidenden Symbol- und Bildzusammenhang sieht er aber nicht im Gegensatz von Spinne und Haus, sondern im wiederkehrenden **Motiv der Taufe und der Geburt**:

> *„Wie im Mittelpunkt des Mythos immer der Bericht von dem Kampf der guten und der bösen Mächte steht, so auch in der Novelle Gotthelfs. Wie sich die Handlung aus dem gegensätzlichen Motiv der Geburt entfaltet, der Geburt des Göttlichen und Dämonischen, so wiederholt sich in der Natur der gleiche Gegensatz und dasselbe Ringen."*[59]

2.7.2 Der epochengeschichtliche Ansatz

Friedrich Sengle verlangt, Gotthelf „da zu sehen, wo er **unauswechselbar** steht, in der Epoche der Metternich'schen Restauration."[60]
Gotthelfs Werk und *Die schwarze Spinne* enthalten nach Sengle die folgenden

Epochenmerkmale der Biedermeierzeit:

- Volkstümlichkeit
- Sinn für Feste, Heimat, Detailrealismus
- Transparenz der Erfahrungswirklichkeit für christliche Normen (889)
- Zwiespalt zwischen dämonischer Natur und christlicher Zucht (895)

---

58 J. Kunz, S. 95
59 Ebd., S. 94
60 F. Sengle, S. 88. Bis zur nächsten Fußnote erfolgen die Seitenangaben zu den Zitaten aus dieser Ausgabe durch Klammerverweise im Text.

- Patriarchalische Gesellschaftsidee der biedermeierlichen Restauration (901)
- Handfester Gebrauch rhetorischer und didaktischer Mittel (922)
- Fortentwicklung einer allegorischen Denk- und Dichtungsweise (928)

Für Sengle ist in *Die schwarze Spinne* „der lehrhafte häusliche Rahmen [...] die biedermeierliche Hauptleistung." (928 f.) Typisch für die Epoche scheint ihm, dass der dämonischen Macht der Spinne „die erlösende Kraft selbstloser Liebe und der bewahrende Schutz eines frommen Hauses" (948) entgegengehalten werden.

Von der Zuordnung Gotthelfs zur Biedermeierzeit ausgehend interpretieren Jost Hermand und Klaus Lindemann *Die schwarze Spinne* unter **politischen Vorzeichen**.

Jost Hermand betont, dass „die Überzeugung, dass selbst das Bedrohliche und Gewaltsame immer wieder zu bannen ist, zu den Grundpfeilern des restaurativen Denkens und damit des literarischen Biedermeiers gehört."[61] Mitentscheidend für diese Überzeugung sei die Erfahrung der zweimaligen Bannung Napoleons (Elba, St. Helena): „Schon das Schema der zweimaligen Verpflöckung, das heißt Verbannung des Übels, erinnert an die napoleonische Ära"[62].

Klaus Lindemann greift neben der These Hermands auch eine Fußnote Friedrich Sengles auf und sieht den zweimaligen Ausbruch der Spinne für beides stehen:

61 J. Hermand, S. 227
62 Ebd., S. 229

a) für „die erste lange und die zweite nur 100 Tage dauernde Herrschaft Napoleons“[63];
b) für die „Wiederkehr der Französischen Revolution im Jahre 1830“ (106).

Auf diese Interpretation hin deutet Lindemann die Form und den Inhalt der Erzählung ausschließlich im Sinne der europäischen Restauration nach 1815 als Zeugnis einer „biedermeierlichen Deutung von Geschichte und Gesellschaft zwischen den Revolutionen“ (so der Untertitel seiner Untersuchung).

Zusammenfassung der Interpretation Lindemanns:

Die schwarze Spinne ist ein Werk,

> *„das die Ängste der Epoche nach Napoleon und zwischen den Revolutionen in einzigartiger Weise thematisiert und den Mythos des Bösen beschwört, um geschichtliche Katastrophen zu deuten, statische Gesellschaften zu idealisieren, konservative Ethik zu propagieren und die restaurative Politik der Epoche zu rechtfertigen.“* (9)

2.7.3 Der ideengeschichtliche Ansatz

Werner Hahl interpretiert *Die schwarze Spinne* ausgehend von einer genaueren Würdigung der politischen, theologischen und literarischen Ideen Gotthelfs.

Politisch vertrete Gotthelf eine „reformkonservative Haltung“[64], die dem liberalen Rechtsstaat einen „christlichen Personalismus“ (123) entgegenstelle und „das ‚ganze Haus' als sozialpolitisches Reformmodell“ (117) darstelle.

---

63 K. Lindemann, S. 103. Bis zur nächsten Fußnote erfolgen die Seitenangaben zu den Zitaten aus dieser Ausgabe durch Klammerverweise im Text.

64 W. Hahl (1995), S. 115. Bis zur nächsten Fußnote erfolgen die Seitenangaben zu den Zitaten aus dieser Ausgabe durch Klammerverweise im Text.

Der erste Hausneubau liegt gut 300 Jahre zurück, fällt also in die Zeit der Berner Reformation von 1528, der letzte liegt sieben Jahre zurück und fällt so in die Zeit der Berner Regeneration von 1831.	„Gotthelf stellt also die bernische Revolution durch die symbolische Reihung der Hausbauten in die Nachfolge der **historischen** Reformation in Bern und in eine von ihm angenommene Kontinuität der **geistigen** Reformation. Er symbolisiert mit dem Hausbau am alten Ort eine **Erneuerung**, nicht eine radikale Veränderung." (177)

Theologisch orientiere Gotthelf sich an Martin Luther, vor allem an dessen *De servo arbitrio* von 1525, wonach Gott „seine ewige Güte und Barmherzigkeit unter ewigem Zorn, seine Gerechtigkeit unter Ungerechtigkeit" (167) verberge.

So ist es zwar möglich, dass Gott und der Teufel den Menschen dasselbe antun, aber Gott tut es, um den Menschen von der Notwendigkeit zu überzeugen, sich seiner Barmherzigkeit zu überlassen, der Teufel tut es, um den Menschen von Gott loszureißen.	„Sache des Glaubens ist es, die satanische Tendenz in der Anfechtung im Vertrauen auf die (in der Not der Anfechtung verborgene) unfragliche Barmherzigkeit Gottes zu überwinden, den vom Satan gemeinten Sinn der Not zu vereiteln und den Gottes-Sinn der Not zu ergreifen und dadurch zu verwirklichen." (166)

Literarisch verfolge Gotthelf das Konzept, Glaube und gläubige Furcht nicht belehrend zu verlangen, sondern „im Sinn eines Exerzitiums" (132) einzuüben.

Die Spinne – als solche für viele schon Ekel erregend – weckt existenzielle Furcht durch die Verletzung dreier Tabuzonen: des Leibs als Sitz der Seele, des Hauses als Ort der Familie, der Gemeinschaft als Grundlage der christlichen Gemeinde. So wird der Leser des aufgeklärten Zeitalters mit archaischen Ängsten konfrontiert, die ihn für Gottesfurcht und Kirchenglauben empfänglich machen.

„Nicht nur die ‚rechte' Art der Furcht, auch die falsche muss Teil der Erfahrung werden, damit sie uns im Ernstfall nicht überwältigt." Das heißt, „dass *Die schwarze Spinne* die Spielarten der religiösen Furcht **ritualisiert**, sie zur Einübung bereitstellt – einerseits um der ‚frechen' Furchtlosigkeit des irreligiösen Menschen einen religiösen Habitus entgegenzusetzen, andererseits um dem Schrecken des Daseins durch Initiation die Spitze abzubrechen." (132)

Zusammenfassung der Interpretation Hahls:

> *„Eine Dichtung wie ‚Die schwarze Spinne' ist der Versuch, den reformierten Kultus über seine Kargheit und kirchliche Enge hinaus zu erweitern, dem reformierten Haus einen christlichen Gründungs- und Erneuerungsmythos zu schenken, den Mythos durch die Art der Erzählung nicht nur* ***wissen****, sondern rituell* ***erleben*** *zu lassen, die Furcht als Quelle der Religion wieder freizulegen und sie zugleich in den Ordnungen und Ritualen des christlichen Familienlebens einzufassen."* (179 f.)

3. Themen und Aufgaben

Die Lösungstipps beziehen sich auf die Kapitel der vorliegenden Erläuterung.

3.1 Zu Leben und Werk allgemein

Zeigen Sie, welche Bedeutung das **Haus als Grundzelle der Gesellschaft** in Gotthelfs Leben und Werk hatte und wie sich dies in *Die schwarze Spinne* niederschlägt.

Lösungstipp:
siehe Kapitel 1.
Textgrundlage
S. 3–5, 25–27, 92–107, 117–121

3.2 Zur Entstehung und zu den Quellen

Studieren Sie die Angaben zu den Quellen, die Gotthelf benutzt hat. Arbeiten Sie in *Die schwarze Spinne* heraus, was er nicht aufgegriffen, sondern selbst erfunden haben könnte.

Lösungstipp:
siehe Kapitel 2.1, 2.2.
Textgrundlage
ganzer Text

3.3 Zum Aufbau

Die erste Spinnenepisode enthält mehrere Höhepunkte. Arbeiten Sie diese heraus und zeigen Sie, welcher Konflikt sich in ihnen entwickelt.

Lösungstipp:
siehe Kapitel 2.2, 2.3.1, 2.3.2, 2.3.2.
Textgrundlage
S. 27–92

3.4 Zu den Personen

1. Die Gotte und der jüngere Götti interessieren sich füreinander. Zeigen Sie auf, wie sie dies gleichzeitig äußern und verbergen. Wieweit deckt sich das Auftreten der Gotte in dieser Beziehung mit ihrem übrigen Verhalten?

   Lösungstipp: siehe Kapitel 2.2, 2.4.1.
   Textgrundlage S. 12–15, 22–24

2. Vergleichen Sie das Verhalten der Frauen (Großmutter, Mutter, Gotte, Hebamme) in der Rahmengeschichte mit den zeitgeschichtlichen Informationen über die Gesellschaft.

   Lösungstipp: siehe Kapitel 1.2.3, 2.2, 2.4.1.
   Textgrundlage S. 5–26, 92–96, 118–121

3. Christine wird als Fremde im Dorf zur Außenseiterin. Zeigen Sie auf, in welchen Etappen dies geschieht und was sie selbst und die Dorfleute dazu beitragen.

   Lösungstipp: siehe Kapitel 2.2, 2.4.2.
   Textgrundlage S. 37–38, 40–45, 48–51, 59–64, 67–69

4. Dreimal wird die Hoffnung der Dorfbewohner angesprochen, ihr schuldhaftes Verhalten lasse sich durch das Lesen einer Messe wieder gut machen. Zeigen Sie auf, warum es nach dem Verständnis des Priesters (und Gotthelfs) nicht möglich ist, sich durch ein bestimmtes Ritual von der persönlichen Schuldverantwortung zu befreien. Wieweit gilt die Kritik an der Hoffnung auf Hilfe im Ritual auch gegenüber der Taufe?

   Lösungstipp: siehe Kapitel 2.2, 2.4.2.
   Textgrundlage S. 44, 50, 70
   Textgrundlage S. 57

3.5 Zu Stil und Sprache	
Sammeln Sie eine Reihe Wörter mit berndeutscher Lautung oder Wortbildung. Überprüfen Sie die vier Hauptgründe Gotthelfs für den häufigen Rückgriff auf den Dialekt und wägen Sie ab, welcher davon jeweils vorwiegt.	Lösungstipp: siehe Kapitel 2.6.3. Textgrundlage frei zu wählen

3.6 Zur Interpretation	
1. Untersuchen Sie genauer, was der Großvater über historische Veränderungen, im Besonderen den Hausbau, aussagt, und überprüfen Sie davon ausgehend die These von Klaus Lindemann, wonach *Die schwarze Spinne* statische Gesellschaften idealisiere, und die Frage, wieweit Gotthelf dem historischen Fortschritt durchaus Rechnung trägt.	Lösungstipp: siehe Kapitel 2.7.2. Textgrundlage S. 27–29, 97–102, 118–120
2. *Die schwarze Spinne* erhielt die große Aufmerksamkeit, die ihr heute zukommt, erst nach dem Ersten und noch mehr nach dem Zweiten Weltkrieg. Untersuchen Sie die Verbindung der Themen Schuld, Sühne und Menschheitskatastrophe im Text und in der Weltgeschichte.	Lösungstipp: siehe Kapitel 2.3.2, 2.3.3, 4. Textgrundlage S. 45–120, im Besonderen aber S. 94–96, 117–120
3. In den Materialien finden Sie je einen Ausschnitt aus zwei Dramatisierungen von *Die schwarze Spinne*. Welche steht dem Originaltext Gotthelfs näher? Was wird mit der Entfernung vom Originaltext gewonnen?	Lösungstipp: siehe Kapitel 5.1, 5.2. Textgrundlage S. 42–46

4. Rezeptionsgeschichte

Im 19. Jahrhundert sind die Reaktionen auf *Die schwarze Spinne* gemischt: Positive und negative Urteile halten einander die Waage.[65]

Positiv	Negativ
1850	**1843**
Henriette SOLGER, Frau des Philosophen Karl. W. F. Solger, in einem Brief vom 24. Oktober: *„Merkwürdig und tief bewegend ist mir hier unter anderm die ergreifend und prägnant erzählte Sage von der schwarzen Spinne. Wie ganz nach Gottessinn lassen Sie da die besten äußerlich der Todesgewalt unterliegen: Aber sie können rufen: Tod, wo ist dein Stachel, Hölle wo ist dein Sieg!"*[66] (S. 46 f.)	Ludwig SEEGER, Hochschuldozent, in einer Rezension: *„Die ‚schwarze Spinne' ist ein Mährchen, das* ***einfach****, ohne lange Vor- und Nachreden, in Grimm'scher Weise erzählt, sich ganz gut ausgenommen hätte. Aber* ***Nutzen*** *mit einem blauen Mährchen stiften wollen – wem ist das je eingefallen? Oder* ***erheitern*** *soll dieser höllische Gespensterspuk? oder* ***bessern****? […] Gotthelf hat nicht nur Niemand erheitert, gebessert, trotz seiner Einleitung von 25 Oktavseiten, trotz alles Grässlichen, was er aus dem Hexenkessel einer mittelalterlichen Währwolfenphantasie aufgetischt, trotz allerlei ermüdenden Wiederholungen, die er sich erlaubt hat, – er hat etwas Unnüt-*

65 Die folgenden Ausschnitte stammen alle aus W. Mieder. Die Seitenangaben dazu erfolgen durch Klammerverweise im Text.

66 Vgl. 1. Kor. 15,55

zes, wo nicht geradezu dem ***Volke*** *Schädliches geschrieben."* (S. 49–50)

1857
Carl MANUELS in der ersten Gotthelf-Biografie:
„Die Erzählung ist so schauerlich und grausig, Bitzius hat seine Einbildungskraft hier so maßlos walten lassen, dass uns das Ganze einen der Wirkung echter Dichtung ganz entgegengesetzten Eindruck machen würde, wenn nicht das dunkle Bild von einem so lieblichen Rahmen eingefasst wäre […]. ‚Die schwarze Spinne' soll uns zeigen, wie großes gemeinsames Unglück und der Fluch früherer Schuld gewendet werden mögen durch wahre Opferfähigkeit, und wie groß die Kraft, wie gesegnet die Wirkung eines neuen gotterfüllten und begeisterten Willens sei." (S. 50 f.)

1858
Julian SCHMIDT, Literaturkritiker und -theoretiker, Mitbegründer des programmatischen Realismus:
„Die ‚Bilder und Sagen' (1842–1846) gehören zu den schwächeren Schriften Gotthelfs; man vermisst die gründlichen historischen Vorstudien, und in einigen Erzählungen, namentlich der schwarzen Spinne, zeigt sich eine unerfreuliche Neigung für düstere Farben." (S. 52)

Insgesamt nimmt die Literaturwissenschaft *Die schwarze Spinne* bis in die zwanziger Jahre des 20. Jahrhunderts kaum wahr.

Walter MUSCHG berücksichtigt in seiner großen Gotthelf-Monografie *Gotthelf. Die Geheimnisse des Erzählers* 1931 *Die schwarze Spinne* ausführlich und leitet so die große Wende in der Literaturwissenschaft ein.

Von da an bis heute wird diese Erzählung zu den bedeutendsten Werken Gotthelfs gerechnet.

Unter den großen deutschsprachigen Autoren lassen sich vor allem Thomas MANN und Erich KÄSTNER von Gotthelfs Erzählung anregen:
Thomas MANN liest sie 1943 während der Arbeit an seinem Teufelspakt-Roman *Doktor Faustus* und bewundert sie „wie kein zweites Stück Weltliteratur"[67].
Erich KÄSTNER lässt sich von ihr 1949 zur kabarettistischen Ballade *Die schwarze Spinne* anregen, die auf „die Schuldverstrickung des deutschen Volkes"[68] anspielt.

Unmittelbar vor und vor allem nach dem Zweiten Weltkrieg und bis heute haben sich eine ganze Reihe von Dramenautoren, Librettisten und Komponisten von Gotthelfs Erzählung zu **Neubearbeitungen für das Theater und die Oper** anregen lassen:

1936
Elisabeth Baumgartner-Siegenthaler: *D'Lindouere* [Die Lindauerin]. Berndeutsches Spiel in fünf Akten aus der Zeit um 1700. Bern 1936

1949
Die schwarze Spinne. Oper in zwei Akten. Musik von Willy Burkhard. Bühnendichtung von Robert Faesi und Georgette

67 T. Mann, S. 186
68 W. Mieder, S. 61

Boner nach der Erzählung von Jeremias Gotthelf. Basel, Kassel: Bärenreiter, 1949

Die schwarze Spinne. Oper in einem Akt. Musik von Heinrich Sutermeister. Text mit freier Benützung der gleichnamigen Novelle von Jeremias Gotthelf von Alfred Roesler. Klavierauszug Ed. 3978. Mainz: B. Schott's Söhne, 1949

Die schwarze Spinne. Berndeutsches Schauspiel in fünf Akten frei nach der Sage von Jeremias Gotthelf. In Szenen gesetzt von Friedrich Nyffeler. Aarau: A. Breuninger, 1949

1954
Die Spinne. Ein dramatisches Spiel nach Motiven der Erzählung von Jeremias Gotthelf *Die schwarze Spinne* von Hansbernd Pfleging. München: Höfling, 1954

1956
Das Spiel von der schwarzen Spinne. Von Robert Faesi und Georgette Boner nach der Erzählung von Jeremias Gotthelf. Bühnenmusik von Willy Burkhard. Glarus: Tschudi, 1956

1958
Die schwarze Spinne. Schauspiel nach der gleichnamigen Novelle von Jeremias Gotthelf. Bühnenbearbeitung von Arthur Kaufmann. o. O.: Volksverlag Elgg, 1958

1988
Die schwarze Spinne. Nach der Erzählung von Jeremias Gotthelf, dramatisiert von Hansjörg Schneider. Kreuzlingen, Bern: Edition Erpf bei Neptun, 1988

1998
Urs Widmer: *Die schwarze Spinne*. Nach der Erzählung von Jeremias Gotthelf [Mit zweieinhalb Liedern und Musik der Rockgruppe ‚Patent Ochsner']. Frankfurt/M.: Verlag der Autoren, 1998

Mit etwa vierzig **illustrierten Ausgaben** ist *Die schwarze Spinne* als „die populärste, meistübersetzte Erzählung auch die weitaus meistillustrierte"[69].

69 D. Müller, S. 326

5. Materialien

5.1 Die Teufelskuss-Szene in Hansjörg Schneiders Dramatisierung von 1988

Christine	*Ihr erschreckt aber die Leute auch, dass es einen graust. Warum habt ihr ein ungetauft Kind begehrt, ihr hättet doch von einem andern Lohn reden können. Das kommt den Leuten verdächtig vor. Ein Kind ist immer ein Mensch, und ungetauft eins aus den Händen geben, das wird kein Christ tun. Besonders, da man nicht weiß, wo es hinkommt.*
Teufel	*Das ist mein Lohn, an den ich gewohnt bin. Um andern fahre ich nicht. Was frägt man so einem Kinde nach, das noch niemand kennt? Ich aber hab sie je jünger je lieber. Je früher ich ein Kind erziehen kann auf meine Manier, um so weiter bringe ich es. Dazu habe ich aber das Taufen überhaupt nicht nötig und will es nicht.*
Christine	*Wir haben gegenwärtig in keinem Hause ein ungetauft Kind, und in Monatsfrist gibt es keins, und in dieser Zeit müssen die Buchen geliefert sein.*
Teufel	*Ich begehre das Kind ja nicht zum voraus. Sobald man mir verspricht, das erste zu liefern ungetauft, so bin ich schon zufrieden.*
Christine	*Ich danke für das Anerbieten. Es ist zu bedenken, und ich will mit den Männern darüber reden.*
Teufel	*Da gibt es nichts mehr zu bedenken noch zu reden. Du musst mir jetzt zu- oder absagen. Nachher will ich vom ganzen Handel nichts mehr wissen.*

Christine	*Kann man denn nicht darüber reden, mein Herr? Vielleicht gibt es noch andern Lohn? Weiberlohn?*
Teufel	*Jetzt oder nie. Sobald der Handel geschlossen ist, führe ich jede Nacht so viele Buchen, wie ihr hinlegt. Nun, schöne Frau, bedenke dich nicht.*
Christine	*Ich für meine Person will zugesagt haben. Wenn aber die Männer nicht wollen, so kann ich nichts dafür.*
Teufel	*Mit dem Versprechen, zu tun, was du kannst, bin ich hinlänglich zufrieden.*
Christine	*Also ja.*
Teufel	*Von hübschen Weibern verlange ich nie eine Unterschrift. Mit einem Kuss bin ich zufrieden.*

(Er küsst sie, verschwindet. Christine ist wie versteinert. Dann geht sie zum Brunnen, um sich zu waschen.)

Christine	*Das sitzt, das sticht, das brennt. Das muss weg, sofort. Mit Wasser muss das weg, Feuerkuss, Höllenkuss, Todeskuss.*

Aus:
Die schwarze Spinne. Nach der Erzählung von Jeremias Gotthelf, dramatisiert von Hansjörg Schneider. Kreuzlingen, Bern: Edition Erpf bei Neptun, 1988, S. 14–15

5.2 Die Teufelskuss-Szene in Urs Widmers Dramatisierung von 1998

8 DER PAKT

[...]

CHRISTINE Ich habe kein Kind.
TEUFEL Ich will nicht dein Kind. Ich will ein Kind.
CHRISTINE Wir haben kein neugeborenes Kind.
TEUFEL Jahre Tage Stunden. Minuten Äonen Ewigkeiten.
CHRISTINE Alles, aber kein Kind.
TEUFEL Ich warte. Ich sehe. Ich komme.

Er hat – gänzlich unbäuerliche – Tanzschuhe mit hohen Absätzen bei sich. Edel. Zieht sie Christine an.

CHRISTINE Mir ist heiß. Ist Ihnen auch heiß?
TEUFEL Heiß? Mir??
CHRISTINE Der Föhn. Der bringt mich zum Kochen.
TEUFEL Ja, der Föhn. Das ist ein hitziger Wind.
CHRISTINE Morgen sag ich Ihnen Bescheid.
TEUFEL jäh scharf Jetzt oder nie. Nie oder jetzt. Hier, jetzt, oder nie.
CHRISTINE Ein Kind. Gut. Sie helfen uns, und Sie kriegen Ihr Kind.

9 DER TANGO

Teufel und Christine tanzen einen Tango. Der Teufel ist der Herr aller Schritte. Christine will sich entziehen und kann nicht, möchte hinschmelzen und wagt es nicht. Am Ende küsst sie der Teufel. Und sofort:

10 DER ERSTE TEUFELSROCK

TEUFEL bei und mit der Band, singt

Et RØra han
Se HØra hun
Se scrica den"

Aus:
Urs Widmer: *Die schwarze Spinne*. Nach der Erzählung von Jeremias Gotthelf [Mit zweieinhalb Liedern und Musik der Rockgruppe ‚Patent Ochnser']. Frankfurt/M.: Verlag der Autoren, 1998, S. 22–23

Literatur

Ausgaben

Jeremias Gotthelf: *Die schwarze Spinne. Erzählung.* Anmerkungen von Wolfgang Mieder. Stuttgart: Reclam, 1994 (Universal-Bibliothek Nr. 6489)
(Nach dieser Ausgabe wird zitiert.)

Jeremias Gotthelf: *Die schwarze Spinne. Erzählung.* Mit einem Nachwort, einer Zeittafel zu Gotthelf, Anmerkungen und bibliografischen Hinweisen von Werner Hahl. München: Goldmann, 1995
(Bietet wertvolle Informationen, Erläuterungen, Interpretationsansätze.)

Werkausgabe

Jeremias Gotthelf: *Sämliche Werke in 24 Bänden und 18 Ergänzungsbänden.* Hrsg. von Rudolf Hunziker und Hans Bloesch. Erlenbach-Zürich: Rentsch, 1911 ff.
(„Die schwarze Spinne" ist in Band XVII zu finden. Verweise auf andere Werke werden in den vorliegenden Erläuterungen folgendermaßen abgekürzt: SW, Bandnummer, Seitenzahl.)

Lernhilfen und Kommentare für Schüler

Klaus Lindemann: *Jeremias Gotthelf. Die schwarze Spinne. Zur biedermeierlichen Deutung von Geschichte und Gesellschaft zwischen den Revolutionen.* Paderborn u. a.: Schöningh, 1983 (Modellanalysen Literatur)
(Sehr eingehende Analyse und Interpretation unter der etwas einengenden Festlegung Gotthelfs auf die Restauration.)

Wolfgang Mieder: *Erläuterungen und Dokumente. Jeremias Gotthelf. Die schwarze Spinne.* Stuttgart: Reclam, 1983 (Universal-Bibliothek Nr. 8161)
(Bietet auf kleinem Raum viele wertvolle Materialien.)

Verwendete Sekundärliteratur zu Gotthelf

Karl Fehr: *Jeremias Gotthelfs ‚Schwarze Spinne' als christlicher Mythos.* Untersuchungen zu Gestaltungsgesetzen des Dichters. Zürich, Leipzig: Niehans, 1942

Karl Fehr: *Jeremias Gotthelf.* Zürich: Büchergilde Gutenberg, 1954

Karl Fehr: *Jeremias Gotthelf (Albert Bitzius).* 2. durchges. und erw. Aufl. Stuttgart: Metzler, 1985
(Kurze, aber vollständige Einführung ins Gesamtwerk.)

Werner Hahl: *Jeremias Gotthelf – der Dichter des Hauses.* Stuttgart, Weimar: Metzler, 1994
(Gründliche ideengeschichtliche Untersuchung auf dem neusten Stand der Forschung.)

Werner Hahl: *Nachwort.* In: Jeremias Gotthelf: *Die schwarze Spinne. Erzählung.* Mit einem Nachwort, einer Zeittafel zu Gotthelf, Anmerkungen und bibliografischen Hinweisen von Werner Hahl. München: Goldmann, 1995
(Wertvolle zusammenfassende Darstellung von Ergebnissen der großen Untersuchung über Gotthelf als den „Dichter des Hauses".)

Werner Hahl: *Gotthelfs Liberalismus-Kritik im europäischen Kontext.* Ein Blick auf Benjamin Disraelis Roman ‚Sibyl. Or the two Nations'. In: Erzählkunst und Volkserziehung. Das literarische Werk des Jeremias Gotthelf. Hrsg. v. Walter Pape, Hellmut Thomke, Silvia Serena Tschopp. Tübingen: Niemeyer, 1999, S. 243–263

Jost Hermand: *Napoleon und die schwarze Spinne. Ein Hinweis.* In: Monatshefte für deutschen Unterricht, Sprache und Literatur, Vol. 54, Nr. 5, Okt. 1962, S. 225–231

Hanns Peter Holl: *Jeremias Gotthelf. Leben. Werk. Zeit.* Zürich, München: Artemis, 1988
(Jüngste Gesamtdarstellung von Leben und Werk Gotthelfs. Großformat, gut ausgestattet mit Bildern.)

Josef Kunz: *Die deutsche Novelle im 19. Jahrhundert.* 2. überarb. Aufl. Berlin: Schmidt, 1978
(Wichtige korrigierende Ergänzung zu von Wieses Standard-Interpretation.)

Thomas Mann: *Die Entstehung des Doktor Faust. Roman eines Romans.* In: Ders.: Gesammelte Werke in 12 Bänden. Bd. 11: Reden und Aufsätze 3, Frankfurt/M.: Fischer, 1960, S. 145–301

Dominik Müller: *Illustration als Interpretation: Gotthelfs ‚Schwarze Spinne' als Bildvorlage.* In: Erzählkunst und Volkserziehung. Das literarische Werk des Jeremias Gotthelf. Hrsg. v. Walter Pape, Hellmut Thomke, Silvia Serena Tschopp. Tübingen: Niemeyer, 1999, S. 321–344
(Wertvolles Bildmaterial, ergiebig kommentiert.)

Walter Muschg: *Gotthelf. Die Geheimnisse des Erzählers.* München: Beck, 1931 (2. Auflage 1967)

Walter Muschg: *Jeremias Gotthelf. Eine Einführung in seine Werke.* Bern, München: Francke, 1954

Friedrich Sengle: *Biedermeierzeit. Deutsche Literatur im Spannungsfeld zwischen Restauration und Revolution 1815–1848.* Band 3: Die Dichter. Stuttgart: Metzler, 1980, S. 888–951

Hellmut Thomke: *Gotthelfs ‚Konservatismus' im europäischen Kontext.* In: Erzählkunst und Volkserziehung. Das literarische Werk des Jeremias Gotthelf. Hrsg. v. Walter Pape, Hellmut Thomke, Silvia Serena Tschopp. Tübingen: Niemeyer, 1999, S. 227–242
(Überzeugende Kritik an der Festlegung Gotthelfs auf die Restauration.)

Benno von Wiese: *Die deutsche Novelle von Goethe bis Kafka. Interpretationen I.* Düsseldorf: Bagel, 1956 (2. Auflage 1982), S. 176–195
(Gilt immer noch als die Standard-Interpretation in gattungsgeschichtlicher Perspektive.)

Klaus Zobel: *Unerhörte Begebenheiten. Interpretationen und Analysen zu drei Novellen des 19. Jahrhunderts.* Northeim: Drei-A-Verlag, 1994
(Wertvolle Analyse von Inhalt, Form und Sprache.)

Verwendete Sekundärliteratur zum historischen Kontext

Georges Andrey: *Auf der Suche nach dem neuen Staat (1798–1848).* In: Geschichte der Schweiz und der Schweizer. Studienausgabe in einem Band. Basel, Frankfurt/M: Helbing und Lichtenhahn, 1986, S. 527–637

François de Capitani: *Beharren und Umsturz (1648–1815).* In: Geschichte der Schweiz und der Schweizer. Studienausgabe in einem Band. Basel, Frankfurt/M: Helbing und Lichtenhahn, 1986, S. 447–526

Erich Gruner: *Die Arbeiter in der Schweiz im 19. Jahrhundert. Soziale Lage, Organisation, Verhältnis zu Arbeitgeber und Staat.* Bern: Francke, 1969

Fritz Häusler: *Das Emmental im Staate Bern bis 1798. Die altbernische Landesverwaltung in den Ämtern Burgdorf, Trachselwald, Signau, Brandis und Sumiswald.* 2. Band. Bern: Schriften der Berner Burgerbibliothek, 1968

Georg Kreis: *Der Weg zur Gegenwart. Die Schweiz im 19. Jahrhundert.* Basel, Boston, Stuttgart: Birkhäuser, 1986

Martine Segalen: *Die Familie. Geschichte, Soziologie, Anthropologie.* Frankfurt, New York, Paris: Campus, Ed. de la Maison des Sciences, 1990

Reinhard Sieder: *Sozialgeschichte der Familie.* Frankfurt/M.: Suhrkamp, 1987

Die Werke der Autoren, die *Die schwarze Spinne* dramatisch bearbeitet haben, sind im Kapitel *4. Rezeptionsgeschichte* mit den bibliografischen Angaben aufgeführt.

Materialien aus dem Internet

http://www.lehrer.uni-karlsruhe.de/~za874/homepage/gotthelf.htm
(Kurzübersicht über Leben und Werk Gotthelfs.)

http://www.stub.unibe.ch/vb/ikat/germ/gotthelf/gotthelf.html
(Site der Stadt- und Universitätsbibliothek Bern, mit vielen Links.)

http://www.educeth.ch/deutsch/lesen/werke/spinne/index.html
(11-seitiges Dokument von Walter Steinböck, Interpretation, Rezeption, Stil und Sprache der „Schwarzen Spinne".)

http://www.hausarbeiten.de/rd/archiv/deutsch/deutsch-gotthelf1/deutsch-gotthelf1.shtml
(Semesterarbeit von Rene Sutter zur „Schwarzen Spinne" Enthält einzelne Fehler.)

http://luetzelflueh.ch/Gotthelf/
(Site des Dorfes Lützelflüh.)

http://www.ateus.ch/Hayoz/inhalt.htm
(Mit der Spinne ins Netz. Ein Projekt der Klasse w 1 c der Kantonsschule am Brühl St. Gallen unter Frau Denise Hayoz zu Jeremias Gotthelfs „Die schwarze Spinne".)

http://www.re.shuttle.de/re/mcg/deutsch/spinne.htm#InhaltundThemaderNovelle
(Hausarbeit von Charlotte Idel zur „Schwarzen Spinne".)

Bitte melden Sie dem Verlag „tote" Links!